J'AI PERDU MON BÉBÉ

ÉMILIE MEUNIER

J'AI PERDU MON BÉBÉ

Journal d'une mère cabossée

récit

l'Archipel

Retrouvez Émilie Meunier sur les réseaux sociaux :
Instagram : @emiliemeunier86
Facebook : @emiliemeunier86
Page consacrée au placenta *prævia* sur Instagram :
@placenta_praevia_temoignages

Notre catalogue est consultable à l'adresse suivante :
www.editionsarchipel.com

Éditions de l'Archipel
92, avenue de France
75013 Paris

Contact : serviceclients@lisez.com

ISBN 978-2-8098-5075-8

« Ce qui compte, ce n'est pas ce qui arrive,
c'est ce qu'on fait de ce qui arrive. »

Annie Ernaux, *Mémoire de fille*

Quelques mots…

J'ai perdu mon deuxième enfant le 19 octobre 2022.

Je ne l'ai pas égaré un instant, non… Ce bébé, je ne le retrouverai plus jamais. Je ne le verrai pas grandir. Je ne pourrai pas le serrer dans mes bras ou entendre un jour le son de sa voix. Je ne remettrai, également jamais plus, la main sur la femme que j'étais avant de vivre cette perte.

Qu'ai-je fait pour mériter cela ? Cette question, je me la suis posée tant de fois. La culpabilité s'invite facilement après un tel drame. Il m'a fallu du temps pour comprendre que j'étais victime et non responsable. Se briser le nez sur la voie de la maternité s'avère d'une triste banalité. Ça m'est arrivé, ça a pu vous arriver, ça continuera d'arriver à d'autres.

Le sujet est encore tabou mais des chiffres existent : une grossesse sur quatre se termine en fausse couche. En France, près de 7 000 femmes et couples sont, chaque année, frappés par le deuil périnatal. Oui : nous sommes bien un océan de mères cabossées.

Ce récit, inspiré de mon expérience de la maternité, je l'ai pensé comme une boussole pour guider les femmes et les hommes dont le désir d'enfant s'est un jour trouvé abîmé. J'ai été moi-même mal informée, malgré mon métier de journaliste. Je me suis souvent sentie isolée, incomprise, jugée, j'ai eu honte, j'ai jalousé les naissances heureuses, j'ai été en colère, ivre de tristesse, avide de revanche sur la vie…

Surtout, j'ai survécu.

Aujourd'hui, j'écris pour attester que du beau se niche en chaque malheur. Je mêle intime et fiction pour que cesse l'invisibilisation des femmes comme moi : ces mères privées de l'être vivant en leur sein, peu importe le stade de la grossesse, et contraintes de rester dignes. Je prends la plume pour ne jamais oublier la force nécessaire pour se relever d'une pareille épreuve.

Avant tout, ce livre existe pour vous assurer que vous n'êtes pas seul(e)s.

Un autre enfant de toi

Jeudi 28 avril 2022, banlieue est de Paris

J'aurais peut-être mieux fait de me taire. De tourner ma langue plusieurs fois dans ma bouche avant de l'ouvrir. Ce soir d'avril, il faisait doux. Le jardin de la petite maison de banlieue parisienne, achetée cinq ans plus tôt avec mon compagnon, Pierre, commençait à fleurir. C'était la nuit de mon trente-sixième anniversaire. Des guirlandes extérieures, façon guinguette, avaient été installées par Pierre et mon amie Charlotte. Ce petit bout de vert, si convoité aux portes de la capitale, accueillait ma joyeuse bande autour d'une longue table rectangulaire nappée de beige. Des bancs d'écoliers et des chaises dépareillées servaient à asseoir les invités les moins disposés à faire quelques pas de danse sur l'herbe.

Je me souviens parfaitement du déroulement de cette soirée décisive. Devant une grande tarte aux pommes illuminée de bougies, alors que l'assistance chantait et me mitraillait de flashs, je pris un instant pour fermer les yeux. Il me fallait une dernière minute de réflexion. Être certaine de mon vœu avant de prévenir Pierre… Les paupières à peine rouvertes lorsque je soufflai sur les flammes, je n'en revenais toujours pas : je brûlais de voir mon ventre s'arrondir à nouveau. Je m'imaginais enceinte, heureuse et mère non plus d'un… mais de deux enfants. Je me souhaitais de revivre quelque chose d'excitant. De ne plus me laisser freiner par mes craintes en attendant constamment le bon moment.

En entrechoquant ma flûte de champagne avec celles des copains, je sentais ma tête tourner. *Profites-en!* pensais-je. Bientôt, je l'espérais, il ne serait plus question d'ivresse. Une autre grossesse impliquerait un sérieux que je refusais d'incarner en cette soirée festive et, sans même toucher à ma part de tarte, j'emmenai Pierre loin du bruit. Je devais lui prononcer au plus vite les mots qui changeraient la trajectoire de notre couple et de ma vie de femme:

— Je veux un autre enfant de toi, Pierre.

L'urgence d'une nouvelle grossesse m'avait piquée dès le réveil ce jeudi matin. Vraiment, je m'étais levée avec l'image d'un bébé imprimée sur ma rétine. Mon horloge interne contenait-elle un rappel programmé à cette date anniversaire? Vingt-quatre heures plus tôt, je soutenais pourtant, à qui voulait bien m'entendre, que je me satisfaisais d'un seul enfant. Mon fils, que je surnommais Crapaud, venait d'avoir quatre ans. Pierre et moi sortions d'autant d'années d'un sommeil fractionné. Un deuxième round de maternité laissait supposer la perte de cet équilibre familial tout juste trouvé… Étions-nous prêts à repartir de zéro? Si le futur avait dû envoyer des alertes, il aurait certainement agité son drapeau rouge ce soir d'avril.

Je savais, en confiant mon désir foudroyant au creux de l'oreille de Pierre, que j'aurais pu prendre davantage mon temps. Après tout, dans notre couple, la tiédeur venait toujours de mon camp. Si tout n'avait tenu qu'à Pierre, nous aurions déjà été parents d'une équipe complète de mini-footballeurs! Il n'attendait que cela, lui… Que je sois enfin prête à recommencer.

Alors, peut-être aurais-je mieux fait de me taire, de tempérer mes émotions, de laisser infuser… Mais battre la mesure ce soir-là m'aurait privée d'un joli cadeau. Celui de voir les yeux de Pierre se remplir de larmes.

De toucher du doigt de pures gouttes de joie.

Mi-mai 2022

Les femmes ne sont pas toutes égales face aux chances de voir un petit « plus » apparaître sur un test de grossesse. En urinant sur ce bâtonnet en plastique de bon matin, je me suis sentie idiote de gâcher cinq euros. Je n'arrivais pas à me sortir de la tête les discours alarmistes sur la fertilité déclinante des femmes après trente-cinq ans… Le résultat serait négatif, comment pouvait-il en être autrement ? J'avais certes ressenti des nausées la veille lors d'un dîner chez nos voisins mais le temps n'avait pas déjà pu faire son œuvre. Nous étions à peine quelques semaines après ma fête d'anniversaire. La porte des toilettes grande ouverte, la frange mal coiffée et avec l'envie irrépressible de retourner au lit m'enrouler sous la couette, je poussai un grognement pour faire entendre ma contrariété à Pierre. Il ne supportait pas de me voir de si mauvaise humeur et me supplia de me presser :

— On va finir par être en retard à l'école de Crapaud et au boulot… S'il te plaît, chérie, pisse sur ce truc ! Et couche-toi plus tôt ce soir si tu n'arrives pas à te lever la semaine sans râler.

— Hé, on se calme sur les ordres, mon général !

Je lançai un sourire dans sa direction afin de détendre l'atmosphère. Entre Pierre et moi, aucune crispation ne durait. Nos joutes verbales, nos résistances l'un envers l'autre attestaient de notre complicité. Il suffisait d'un regard tendre, d'une moue rieuse, pour rappeler que tout n'était que jeu. Depuis toujours, dans notre duo, la taquinerie était reine.

Après une attente de trois minutes dans la salle de bains, le temps réglementaire indiqué sur la notice du test, laquelle était imprimée dans une police illisible, je retrouvai Pierre qui débarrassait le petit déjeuner de Crapaud dans la cuisine. J'avançai vers lui, un résultat négatif à la main.

— Et voilà : qui a toujours raison ? C'est moi !

Je jubilais. J'aimais plus que tout avoir le dernier mot. Surtout face à Pierre. Il savait se montrer si charmeur et persuasif que peu de gens osaient lui tenir tête au quotidien. Et il fallait bien que je me démarque des autres…

Je pressai d'un coup les troupes. Pierre ne mentait pas, nous allions réellement finir par être tous à la bourre ce matin. Je vérifiai le contenu du sac d'école de Crapaud, tout en lui ajustant sa veste pour sortir. En finissant à mon tour de me couvrir et en avalant la dernière gorgée d'un café froid, je poursuivis :

— C'était évident, je ne vais pas retomber enceinte en un claquement de doigts. N'oublie pas que je suis presque périmée… j'ai trente-six ans maintenant !

— Ça m'énerve quand tu te dénigres.

Pierre semblait avoir misé un peu trop d'espoirs sur ce premier test, son visage masquait difficilement la déception. Il jeta un rapide coup d'œil au bâtonnet laissé juste à côté de l'évier avant de se reprendre et de m'adresser une dernière taquinerie :

— En fin de compte, tu n'es peut-être plus si fraîche, tu as raison. Si, maintenant, tu vomis au bout d'un verre de vin chez nos amis !

Je ris. Cet homme était certainement le seul à toujours m'avoir fait rire franchement. Même quand je devenais ridicule en une phrase. Même quand le temps défilait... Et ce matin-là, dans notre course contre la montre pour déposer Crapaud à l'heure en classe, nous claquâmes la porte d'entrée et oubliâmes de jeter le fameux test dans la poubelle.

Désormais seul dans la maison, avec pour uniques spectatrices des casseroles sales et des plantes aux feuilles ramollies par la soif, le test passa d'une à deux barres. Aussi simplement que cela. Et il n'y avait plus personne pour assister à ce changement...

Un coup de théâtre qui arriva au bout de dix minutes, précisément. Il aura ainsi fallu plus de trois fois le temps réglementaire à ce test pour former une jolie croix.

Aux traits encore très pâles.

Juin 2022

Les deuxièmes fois ne sont-elles pas censées être plus faciles que les premières ? Pour cette nouvelle grossesse, je broyais du noir en permanence. Entre deux siestes, assise sur le canapé en tissu gris du salon, je traversais sans raison de violentes crises de larmes. Mon esprit devinait-il les douloureux mois à venir ?

J'alternais également entre des phases de nausées intenses et des craquages alimentaires déconcertants. C'était inexplicable mais, lorsque j'avais de l'appétit, je me jetais sur tout ce que j'exècre. Je pouvais envisager de tuer pour avaler une tranche de bœuf saignante alors que je n'ai jamais aimé cela ! Et puis toutes ces barquettes de carottes râpées industrielles dont je me suis empiffrée, sans saisir pourquoi, au petit déjeuner et au goûter. Décidément, je vivais tout l'inverse de mon expérience pour Crapaud.

La première fois avait été si simple. Si logique. Je dévorais du chocolat, mon péché mignon depuis mon enfance, du matin au soir. J'étais joyeuse même si mon reflet dans le miroir gonflait à vue d'œil. Je parcourais Paris en long, en large et en travers pour mon travail de journaliste, je menais mes rendez-vous, mes interviews, avec un ventre semblable à une pastèque, sans jamais me sentir à plat. J'étais moi, en version triple XL.

Mon avatar éléphanteau. Ma version améliorée.

Pour cette deuxième grossesse, je n'étais que l'ombre de moi-même. J'agissais étrangement. Comme si une autre femme avait pris le contrôle de mes émotions, de mes actes. Une inconnue qui finissait par m'effrayer. Était-ce à ce stade-là que l'on finissait par se muer en simple machine à procréer ? Que l'on s'effaçait au point de ne plus se reconnaître ?

Placenta *prævia*

Fin juillet 2022, Italie

La *dolce vita*. La belle et douce vie à l'italienne. Voilà ce que nous étions venus chercher après de longues heures de route en Toscane, cet été. Lucques, Pise, Florence… La vraie carte postale. Autant de décors idylliques pour des vacances que nous pensions sans vague. J'étais à bientôt trois mois de grossesse et une demi-taille de jean en plus. Et si Crapaud vivait sa meilleure vie dans la piscine du Airbnb, soigneusement choisi après de longues heures à éplucher le site de locations entre particuliers, Pierre et moi avions rapidement déchanté de notre voyage.

Allongée sur un transat au bord du bassin, sous un ciel dégagé et avec pour fond sonore les cris joyeux de mon fils mêlés au chant des cigales, je sentis un liquide chaud couler entre mes cuisses, suivi d'une légère gêne. L'été, en maillot de bain, on a toujours l'impression de se sentir mouillé… mais là, c'était autre chose.

La seule chose qu'une future mère ne veut pas voir pendant neuf mois : du sang.

Quand on naît femme, la vision du sang s'apprivoise avec les années. On le craint d'abord, ne sachant que faire de ces règles. Avant de s'en accommoder chaque mois en se persuadant de son intérêt et d'être encore en âge d'enfanter. Avec ce bébé niché en moi, je ne savais comment réagir. Rien de plus incompatible avec l'idée d'être enceinte que de saigner, de voir cette couleur rouge tacher un chemin qu'on espère sans embûche.

Aux urgences de Lucques, la ville la plus proche de notre Airbnb, la consultation se fit en anglais. Je ne baragouinais que quelques mots d'italien. C'était assez pour commander au restaurant une pizza avec supplément mozzarella et demander ma route aux passants, mais pas pour expliquer la raison de ma venue à l'hôpital devant une équipe soignante.

Je n'attendis pas longtemps avant d'être prise en charge. On ne plaisante pas avec les femmes enceintes qui saignent. Deux jeunes internes en gynécologie-obstétrique me firent entrer dans une salle d'auscultation. L'une était glaciale, l'autre plutôt sympathique. En enlevant ma culotte et en posant mes pieds sur des étriers en métal, je me souviens m'être dit avoir tiré le gros lot. J'étais pourtant loin de m'imaginer assister à une démonstration façon *good cop, bad cop*.

Qu'avais-je à cacher ? Moi qui dévoilais ici l'intégralité de mon anatomie à deux femmes de passage. La mauvaise flic posa abruptement, et en s'y reprenant à plusieurs fois, un spéculum pour vérifier mon col et voir s'il y avait une origine à ces pertes de sang. Je me retenais d'hurler. J'avais putain de mal... Et l'indélicatesse de cette femme avait relancé de nouveaux saignements. Super ! Depuis quand choisissait-on une telle spécialité médicale quand on n'avait pas la moindre compassion envers ses patientes ? L'autre interne, restée dans l'ombre depuis le début de la consultation, s'approcha finalement en décelant la fureur dans mes yeux.

Elle avait un look spécial qui se devinait malgré la blouse blanche. Ses cheveux étaient regroupés en plusieurs *dreadlocks* de couleurs différentes, son maquillage couplait maladroitement fard à paupières violet et trait d'eye-liner prononcé. En toute honnêteté, si j'avais dû choisir l'une des deux internes en me fondant simplement sur le physique au début de la consultation, ma raison aurait penché pour la mauvaise flic. Celle qui ne prit aucune pincette pour m'accuser d'avoir mal agi :

— Je crois que vous avez dû trop forcer pendant vos vacances… Et puis, si en plus vous continuez d'avoir des rapports sexuels, il ne faut pas vous étonner de saigner ! Vous avez fait combien d'heures de voiture, madame, pour venir jusqu'en Italie ? Vous ne semblez pas tenir beaucoup à ce bébé…

Elle venait de prononcer tous ces mots sans même reprendre sa respiration. Je me jurai de ne plus me fier aux apparences. Et comme la bonne flic, celle aux *dreadlocks*, s'avançait doucement vers moi, j'en profitai pour éclaircir la situation. Oui, le bébé se portait bien. Elle me le confirma en me faisant écouter les rapides battements de son cœur avec une échographie de contrôle. Mais concernant les saignements ? Qu'avais-je à craindre ?

Les deux internes se tenant toutes deux debout face à moi restèrent fidèles à elles-mêmes. Deux styles et deux avis divergents. Pour l'empathique, cela arrivait plus souvent qu'on le pensait de saigner au premier trimestre… *No stress*. Pour la mégère, celle ne sachant pas insérer un spéculum sans arracher la chair de ses patientes, il s'agissait très certainement des prémices d'une fausse couche.

Ne restait plus qu'à choisir son camp.

Début septembre 2022

À mon retour de ces vacances en Italie, je fus reçue dans un cabinet parisien où l'échographie permit de déceler un défaut de positionnement du placenta.

Si d'ordinaire la nature est bien faite et place chaque chose au bon endroit dans le ventre d'une femme enceinte, cette fois, il semblait y avoir eu un couac sur l'une des pièces de la machine. Mon placenta était d'abord *bas inséré*, c'était comme cela que l'on disait dans le jargon médical. Ce qui, visiblement, était assez courant en début de grossesse. Puis, sur les rapports suivants de spécialistes, il s'est vite transformé en placenta *prævia*. Un autre terme scientifique pour signifier que le scénario contient un fort potentiel dramatique…

Prævia, du latin *prævius*. Cela peut se traduire par : ce qui est devant, sur la voie ou sur le chemin. Mon placenta bloquait donc le passage vers la sortie. Au lieu de se tenir sagement tout en haut de l'utérus – comme lors d'une grossesse sans problème – il se logeait en bas.

Sur les échographies, je le voyais couché sur mon col comme s'il s'avachissait sur un lit ; dans cette posture, il entravait bien la seule issue possible au bébé… L'autre hic, hormis qu'il faisait barrage, était que mon placenta pouvait provoquer, par ses frottements répétés avec le col de l'utérus sur lequel il s'appuyait, des saignements indolores aux deuxième ou troisième trimestres. Pas de bol : mes pertes de sang avaient débuté à un stade bien plus précoce de la grossesse. Sans jamais réellement s'arrêter depuis.

Et si cette pathologie, le placenta *prævia*, touche une femme enceinte sur deux cents, avec les complications que je m'apprêtais à connaître, j'allais pousser les curseurs de la rareté.

Parmi les femmes subissant ce type de défaut de placement du placenta, je faisais figure de mauvaise élève. Le mien, mon petit organe rebelle, n'avait même pas pris la peine d'essayer de migrer pour se réinstaller correctement au fil des semaines. Dans la plupart des cas, une remontée du placenta s'opère naturellement à mesure que l'utérus et le bébé grossissent. Et cela dégage *in extremis* la voie pour que bébé sorte… Mais non. Toujours pas de bol, mon placenta a continué de faire du surplace. Bien calé sur mon col depuis l'été.

Et quand rien ne bouge, c'est la césarienne assurée pour éviter une nouvelle, et parfois tragique, hémorragie à la naissance de l'enfant.

Sunday, Bloody Sunday

Dimanche 11 septembre 2022, banlieue est de Paris

Si j'avais su mon corps si solide, si déterminé, si capable d'affronter les pires tempêtes, je l'aurais certainement moins dénigré à l'adolescence. Allongée sur un brancard du Samu, une serviette de bain imbibée de sang entre les cuisses, je me laissais bercer par les brusques secousses de l'ambulance. Malgré le bruit assourdissant de la sirène du véhicule, censée me maintenir éveillée, je sentais bien que j'étais en train de m'évanouir à nouveau.

La première fois que j'avais tourné de l'œil, c'était dans les toilettes de la maison une demi-heure plus tôt. Il était dix-sept heures ce dimanche de septembre lorsque je m'étais péniblement levée de notre canapé pour inonder la cuvette et le sol de nos WC d'un rouge vermeil. C'était comme si je ne m'arrêtais plus d'uriner. En jetant un rapide coup d'œil entre mes jambes, il ne s'agissait pas d'un liquide rassurant. Je me vidais de mon sang.

Je tentai de compresser mon intimité avec du papier toilette, rien n'y faisait. C'était comme un robinet ouvert : j'étais en pleine hémorragie. Le temps, à peine, d'hurler à Pierre d'appeler les secours et je me sentis doucement partir. Toujours assise sur les toilettes, incapable de me relever pour aller m'allonger quelque part, j'assistai impuissante à l'extinction de tous les jeux de lumière autour de moi. Mon champ de vision se réduisit tel un fondu au noir de cinéma…

Heureusement, en cette fin de week-end, je ne me trouvais pas seule chez moi. Crapaud était tranquillement dans le salon, absorbé par son dessin animé préféré avec une bande de dinosaures. Pierre, lui, avait profité du calme pour ouvrir un roman reçu en cadeau à Noël. Un livre qu'il ne s'imaginait pas devoir refermer si tôt.

Alors que j'avais perdu connaissance sur les toilettes, Pierre réussit machinalement à expliquer la situation au numéro d'urgence de dispatch du Samu. Tout en me mettant de fortes claques pour me réveiller, il était parvenu à donner sans erreur nos coordonnées : adresse, téléphone, et des informations sur ma grossesse. Il ne pouvait céder à la panique. Chaque minute gâchée a son importance dans ce genre de situation.

Pierre installa ensuite Crapaud à meilleure distance, afin qu'il ne m'aperçoive pas inerte, et rassembla ses dernières forces pour m'allonger dans le couloir à côté des toilettes en attendant les secours.

Je retrouvais mes esprits lorsque l'ambulance me déposa aux urgences gynécologiques et obstétricales de l'hôpital Tenon de Paris. Toujours étendue sur un brancard, je persistais à fermer les yeux comme pour refuser la scène qui se jouait. Je sentais une foule s'agiter autour de moi. J'étais semble-t-il devenue le cas d'extrême urgence d'une série médicale façon *Grey's Anatomy* ou *Good Doctor*. La quantité de sang qu'un corps humain contient est impressionnante à en croire les bribes de discussions des soignants s'affairant autour de moi.

Pour oublier l'horreur de la situation, je forçais mon imaginaire à me transporter dans un endroit agréable. Je me concentrais sur mes doigts. Ils battaient ; j'avais une sorte de pouls au bout de chaque dernière phalange. Je pouvais ressentir des rayons de soleil réchauffer mon corps, l'odeur d'une crème au monoï sur ma peau, je me rêvais allongée sur un drap de bain. Mon esprit se payait un vol direct pour une plage paradisiaque. Un espace où je pouvais caresser le sable, le lisser de gauche à droite... lorsque j'entendis un docteur tenter d'attirer mon attention.

— Madame, vous avez perdu beaucoup de sang... Est-ce que vous m'entendez ? Madame ?

J'ouvris difficilement les yeux. Je sentais mon corps engourdi. Ce docteur était plutôt jeune, en blouse blanche et le visage masqué. Il était venu m'annoncer que j'étais anémiée et que les saignements s'étaient miraculeusement stabilisés. Les miracles, personnellement, je m'en moquais. Je n'avais peut-être pas fait dix ans de médecine mais je comprenais qu'une telle hémorragie en pleine grossesse ne présageait rien de bon.

J'étais à bientôt six mois et mon état restait préoccupant. Sans surprise, je fus admise en surveillance jusqu'à ce que mon corps ne rejette plus aucune goutte de sang pendant un minimum d'une semaine. Pour les professionnels rencontrés ce dimanche, les risques que je saigne abondamment de nouveau existaient bel et bien avec mon placenta *prævia*. Il était toutefois impossible de prévoir si mon état allait empirer ou s'améliorer. Je pourrais très bien me réveiller la nuit dans une mare de sang comme ne plus jamais en voir la couleur...

Installée pour ma première soirée dans mon lit d'hôpital, avec encore de légères pertes de sang réchauffant mon entrejambe, je compris assez rapidement deux choses : les urgences maternité étaient sur le point de devenir ma deuxième maison et cette grossesse se déroulerait sous le signe de la frousse.

*

De son côté, le bébé semblait étonnamment poursuivre sa croissance. Il allait bien et se moquait de mes épisodes sanglants. Pour combien de temps ?

Dans ma tête, je n'avais toujours pas intégré le fait de porter la vie et de sentir, tous les jours, à chacun de mes mouvements un peu brusques, s'échapper de mon corps ce liquide chaud. L'un n'allait pas avec l'autre. C'était absurde. Je regrettais chaque seconde d'avoir annoncé cette grossesse qui, je ne savais comment l'expliquer, me paraissait maudite. Comment se réjouir d'impliquer tous ses proches en constatant à chaque passage aux toilettes du papier imbibé de rouge ?

*

Après m'être transformée contre ma volonté en experte du placenta – fait, somme toute, assez amusant, puisque je ne me rappelais même plus avoir eu vent de l'existence de ce fameux organe éphémère lors de la grossesse de Crapaud –, je devins le pire cauchemar des médecins, la meilleure amie des infirmières et la confidente des aides-soignantes.

J'occupais, pour une durée indéterminée, une chambre simple du service maternité de l'hôpital Tenon, dans le bruyant, attachant et populaire XXe arrondissement de Paris.

J'étais loin des suites d'hôtels étoilés où je pouvais régulièrement séjourner pour mon job. Ici, il n'y avait pas de personnalités françaises ou étrangères à interviewer, pas de vue sur un monument parisien, pas de nappe blanche, de détails marbrés dans la salle d'eau… Ici, le seul volet roulant électrique de la chambre ne fonctionnait plus. Il était resté bloqué, entièrement déroulé, et empêchait la lumière naturelle d'entrer. Ma seule fenêtre, transformée en écran noir, ne m'indiquait ni le jour ni la nuit. Les murs peints d'un vert anis finissaient de ternir l'atmosphère. Cette hospitalisation ressemblait davantage à un stage de survie en milieu aseptisé qu'à une cure de repos. Je n'avais droit qu'à la visite de Pierre, en tant que coparent il me tenait compagnie quelques précieuses minutes par jour, et celle de Crapaud une fois par week-end. Depuis la crise sanitaire, certaines restrictions persistaient. Heureusement, j'assistais à un défilé journalier de soignants.

Tous marchaient sur des œufs. Médicalement parlant, il n'y avait pas grand-chose à faire à part surveiller les saignements et compter sur la chance. Une épée de Damoclès menaçait à tout instant de s'abattre sur ma grossesse. Les médecins conseillaient de ne pas trop stimuler avec des touchers vaginaux, de rester alitée. De me lever simplement pour une douche ou aller aux toilettes.

Désormais, il n'était plus question d'atteindre les neuf mois pour sortir le bébé mais de gagner des semaines. Garder cet enfant au maximum dans mon ventre avant qu'une autre hémorragie ne menace de tout gâcher. Ils ont été nombreux à m'exposer avec clarté la gravité d'un placenta mal implanté comme le mien qui saignait : « Il peut arriver le pire comme le meilleur. Aujourd'hui, il y a une certaine stabilité dans vos saignements quotidiens, dans vos pertes de gros caillots ou dans vos courts épisodes de contractions, mais personne ne sait de quoi demain sera fait», «Avant la vingt-quatrième semaine d'aménorrhée, madame, comprenez bien que nous ne réanimerons pas votre bébé s'il faut vous faire accoucher en urgence. C'est votre vie qu'il nous importe de sauver à ce stade si vous vous mettez à saigner trop fortement»...

Tous me parlaient comme si ce bébé n'existait pas encore. Ils avaient raison, en un sens. Dans ce lit d'hôpital, face à eux et pour l'instant, j'étais l'unique personne dont la vie comptait. *C'est votre santé qui nous importe actuellement...* Cette phrase, ajoutée au refrain *Nous ne possédons pas de boule de cristal, madame, nous ne pouvons rien vous assurer quant à l'issue positive ou négative de cette grossesse*, j'ai tant détesté les soignants de les avoir prononcés.

Message reçu, cinq sur cinq.

Chaque jour sans catastrophe devenait une petite victoire.

Je restais donc allongée des heures sans broncher pour limiter les saignements. J'ingurgitais à heures fixes des comprimés de fer, d'acide folique et des antibiotiques pour contrer d'éventuelles infections. J'étais devenue cette petite chose fragile qu'il fallait éviter de secouer pour limiter la casse.

Un jour, un docteur de passage dans ma chambre m'indiqua à l'oreille la direction de la chapelle de l'hôpital, au cas où... Au cas où je voudrais finalement me lever et m'en remettre à Dieu. Quand on est emporté par un tel cyclone, il est courant de tenter le tout pour le tout. D'après lui, même les athées se mettaient à prier. Ce docteur aux bouclettes blondes portait des lunettes rondes qui lui conféraient un air enfantin. Je ne l'avais pas vu souvent. Il tenta de m'expliquer que je n'avais pas besoin de croire, juste de me délester d'une part de mes tourments. Refiler les dés à plus grand que moi pour me détendre enfin et arrêter de culpabiliser… si jamais un double six ne ressortait pas du lancer final.

En substance, ce médecin convoquait le Seigneur pour me faire entendre que le stress n'était pas mon allié dans cette grossesse.

Je n'étais pas prête pour de tels échanges. Je fis mine de vouloir dormir et demandai, sans prendre la peine de regarder à nouveau cet homme dans les yeux, un cachet d'Atarax.

Éteins la lumière

Fin septembre 2022,
plus de quinze jours d'hospitalisation
à l'hôpital Tenon (Paris XXe)

C'était comme une petite mort.

Mon corps ne m'appartenait plus. Je ne le reconnaissais plus. De force, j'avais été transformée en réceptacle fragile, en couveuse de seconde main. Le peu de fois où je me redressais et passais devant le miroir de la salle d'eau, je fuyais mon reflet. J'avais des racines grises plein les cheveux, des poils poussaient sur l'intégralité de mon visage. Mon teint était blafard, mes formes ramollies. Chaque jour, une infirmière m'aidait à emprisonner mes jambes dans d'immondes bas de contention. J'étais au sommet de ma féminité… laide et gonflée de la tête aux pieds.

À vrai dire, je me moquais bien de mon apparence. L'ambulance ne m'avait pas conduite à l'hôpital pour booster mon capital séduction. Les femmes qui se préparent comme pour réveillonner avant de partir à la maternité m'ont toujours intriguée. Les bébés apprécient-ils les ongles bien faits, les jambes soyeuses ou un brushing tout frais ? Si une étude prouvait l'intérêt d'un détour par l'institut de beauté avant la salle de naissance, j'étais passée à côté.

Moi, j'avais les cheveux sales et l'entrejambe en jachère. Je tentais de survivre. De maintenir deux cœurs battants jusqu'à un terme acceptable. Malgré le sang qui revenait sans cesse.

Je m'oubliais pour la bonne cause.

Et plus le temps passait dans cette chambre d'hôpital, plus j'apercevais à quoi pourrait ressembler une fin de vie à l'Ehpad. À des années-lumière du tumulte de la vie extérieure… Les masses de Parisiens qui s'activent, se croisent, se frôlent, n'étaient plus qu'un vague souvenir. Tout comme les interactions sociales, l'activité physique ou la sexualité. Enfermée dans mes quinze mètres carrés de chambre d'hôpital, avec ordre de bouger le moins possible, mes plaisirs se sont mués, en moins de deux, en ceux d'une personne âgée. La surprise d'un dessert pas trop dégueulasse dans le flot des plateaux-repas, suivre avec assiduité les rediffusions d'une série télé, pour ma part c'était *Newport Beach* sur la TNT…

Et puis, pour contrer l'ennui de ces journées enfermées, j'avais aussi pour astuce de dormir. Je m'éteignais des heures. C'était ma façon de tolérer l'inactivité. Ma manière de ne pas sombrer dans la folie. J'ai même proposé à l'équipe soignante de me plonger dans un coma artificiel et de me réveiller lorsque le bébé serait viable. De la sorte, je n'aurais plus senti cette pesanteur dans mon bas-ventre. Je n'aurais plus connu l'insoutenable attente. Assez de journées se seraient écoulées pour considérer un dénouement digne à cette grossesse à risque. Nous pourrions enfin être sauvées toutes les deux…

Ma requête inspirée d'un trop-plein de films de science-fiction et de séries médicales n'a pas du tout parlé aux équipes soignantes. La psy du service a immédiatement débarqué dans ma chambre.

*

Ah oui, j'ai bien dit : pour être sauvées toutes les deux. Car il y avait bien une petite fille dans mon ventre.

Une petite guerrière.

*

— Regardez l'écran, madame, votre bébé va bien ! Regardez comme elle suce son pouce… ce n'est pas mignon ?

Si, c'était beaucoup trop craquant. Plutôt que de fixer l'écran, je dévisageais avec haine l'échographiste qui venait de sortir ces mots de sa bouche.

Je me sentais piégée. Bien sûr que voir l'enfant en moi téter l'un de ses doigts telle une poupée Corolle me remplissait de bonheur. Mais cette joie n'avait pas encore sa place. Il était bien trop tôt pour s'attacher. Lors de cet examen de contrôle, il m'avait été demandé d'emblée de ne pas trop me projeter… pour ensuite me montrer, sourire aux lèvres, que mon bébé suçait son pouce ?

Ce genre de commentaires du personnel médical m'agaçaient de plus en plus. À croire que séjourner à l'hôpital impliquait une dose de torture mentale.

Par exemple, il m'avait été demandé de garder en tête que je me battais pour mon bébé… alors que j'avais l'interdiction formelle de toucher mon ventre. Je le voyais grossir, parfois remuer, mais je ne devais pas poser mes mains sur lui, espérer sentir un coup de pied ou établir un contact avec le locataire en moi. Un vrai supplice ! Je laissais alors mes bras le long de mon corps ou les repliais sur ma poitrine. Caresser ma peau tendue en dessous de la taille pouvait agiter le bébé et engendrer des contractions. Et avec le placenta *prævia*, chaque activité de l'utérus multipliait la menace de nouveaux saignements… Je me battais pour quelqu'un avec lequel je n'avais pas le droit au contact.

Avec autant de consignes contradictoires, comment ne pas flancher ? Ma grossesse sanglante pouvait dégénérer à tout moment, merci, je le savais bien, j'avais compris. Et plutôt que de m'entendre dire lors d'une échographie que mon bébé suçait son pouce, j'aurais voulu pouvoir tout arrêter. Il s'agissait de mon corps… j'aurais dû pouvoir choisir. Je me foutais bien de ceux que mes pensées pouvaient déranger. Mais, à ce stade, j'étais bloquée. J'avais dépassé les quatorze semaines du délai légal d'interruption volontaire de grossesse. Sans une sérieuse raison médicale – anomalie du bébé, maladie incurable ou risque imminent de mort maternelle – j'étais condamnée à poursuivre ma grossesse, coûte que coûte.

Pas d'IMG possible…

Malgré les risques d'une rupture précoce des membranes, fragilisées par mes pertes de sang. Malgré les risques d'une nouvelle hémorragie grave. Malgré les risques d'une extrême prématurité du bébé si tout ne tenait pas jusqu'au bout.

Et l'extrême prématurité des bébés, soyons clairs, c'est le plus souvent l'antichambre du cimetière.

Ma seule option était désormais d'attendre. Soit qu'une catastrophe se produise, et clap de fin. Soit un petit miracle.

— Je suis désolé de tout ce que tu dois subir, finit par me dire Pierre, abattu.

Il brisait le silence pesant depuis son arrivée dans ma chambre pour sa visite quotidienne.

— J'en peux plus de te voir saigner et souffrir, Emma. Ce n'était pas censé se passer comme ça… Je suis en colère, si tu savais… Ce n'est pas ça une grossesse, bordel!

La fatigue se lisait sur son visage. Le stress aussi. Lui non plus ne s'était jamais imaginé qu'une grossesse puisse à ce point mettre ma santé en péril. Il faut croire que l'on ne devient conscient des risques que lorsque la mort de la mère ou du bébé menace…

Je tentai de le rassurer mais, au fond de moi, je ne croyais plus en grand-chose:

— Je sais bien. Mais, maintenant, on ne peut plus reculer. On est coincés. Il faut aller au bout. Ils veulent me faire des injections de corticoïdes pour développer les poumons du bébé à la fin de la vingt-troisième semaine. Faisons-leur confiance, ça donnera peut-être un minimum de chances à notre petite *warrior* s'ils doivent la sortir plus tôt de mon ventre.

— Je flippe tellement pour toi. Pour vous deux… Je me sens si inutile dans toute cette galère.

Pierre était tout sauf inutile. Depuis mon hospitalisation, il courait, se dédoublait. Il jonglait entre les allers-retours pour gérer Crapaud et les cauchemars qu'il faisait dorénavant chaque nuit, les visites à l'hôpital, son boulot de prof… Il lui arrivait de se plaindre de manquer de temps dans une journée. Et moi, de mon côté, j'en avais bien trop pour cogiter.

— Les médecins m'ont aussi confirmé mon transfert au service des grossesses à haut risque de l'hôpital de Montreuil cette semaine, poursuivis-je en mode automatique pour ne rien oublier de mon bulletin quotidien d'informations. C'est un niveau 3, ils prennent en charge les très grands prématurés là-bas. On va changer de cadre, ça va peut-être inverser la tendance.

— Tant que tu es hospitalisée, peu importe l'endroit, je t'avoue que je suis rassuré. Je crains trop que tu resaignes comme la dernière fois… Tu y resteras autant qu'il le faut, même si Crapaud s'impatiente de retrouver sa maman et même si la maison paraît vide sans toi.

Je tentais de me retenir encore de pleurer. Fichues hormones. Crapaud, c'était LE sujet sensible, celui qui me faisait chialer quasiment à coup sûr. Je ne le voyais plus que quelques heures le samedi et, le reste du temps, je lui lisais ses histoires du soir sur FaceTime. J'avais l'impression de l'avoir abandonné pour assouvir un fantasme. Celui de la famille parfaite avec deux enfants : un garçon, puis une fille. C'était quoi la prochaine étape ? Le chien ? Le SUV ? Mais pourquoi étais-je aussi conne ? Pourquoi avais-je ce besoin de toujours plus ? Je n'aurais pas pu être pleinement satisfaite de ce que j'avais ? Merde à la fin. J'avais tout pour être heureuse avant de mettre sur le tapis ce caprice de deuxième bébé !

— Je me sens coupable, si tu savais, Pierre…

Je lui donnai un aperçu des sombres pensées qui me hantaient. C'est ma faute tout ça, c'est mon corps qui déconne, qui saigne et qui est incapable de faire les choses correctement… Crapaud était peut-être mon exception, je ne sais peut-être pas faire des bébés. Tout paraît si facile pour les autres femmes !

Je ne retenais plus mes larmes. Je devais évacuer ce trop-plein d'émotions. Quelle ironie de me mettre dans cet état alors que je ne supportais plus d'entendre les pleurs de nouveau-nés. Ils finiraient peut-être eux aussi par saturer des miens…

Dans la maternité de l'hôpital Tenon, il n'y avait pas de chambres, d'allées spécifiques, pour les femmes admises en longs séjours et courant le risque de tout perdre. Entendre pleurer les bébés de mes voisines était un rappel constant de ma situation. Les femmes autour de moi repartaient en général au bout de trois jours avec des fleurs et un nourrisson au teint rosé dans les bras. Moi, j'allais peut-être devoir repartir avec mon seul chagrin et la culpabilité d'avoir échoué. Dans ce bâtiment, nous étions toutes ensemble au même étage.

C'était beau et en même temps, très peu délicat.

— On doit remplir ce formulaire, Emma, pour faire connaître nos directives, pour toi et le bébé, si jamais…

Pierre marqua une respiration avant d'ajouter :

— Tu dois aussi désigner ta personne de confiance.

— C'est toi ma personne de confiance, évidemment. Et s'il te plaît, demande aux médecins de tout faire pour me sauver si ça part en sucette… Crapaud n'a pas à perdre sa maman, en plus de l'avoir vue des semaines dans un lit d'hôpital, dis-je en me remettant immédiatement à pleurer.

La bascule

Il existe très peu de situations où l'on développe des sentiments pour ce que l'on ne connaît pas réellement. Il se produit parfois des coups de cœur pour des personnages de fiction, de films, de romans ou de mystérieux interlocuteurs. Je saisis par exemple l'attrait que peuvent avoir les messages romantiques d'un inconnu sur une application de rencontres. Pour tout ce qui reste matière à fantasmes. Mais l'impalpable le reste rarement. Voilà le hic. Que se passe-t-il si un jour la cape d'invisibilité disparaît ? Comment se protéger d'une potentielle déception ?

Mon bébé n'était pour l'instant qu'une simple image d'échographie en noir et blanc. Avec pour seule voix le son de régulières pulsations, à plus de cent quarante battements par minute. Une minuscule personne à laquelle j'étais déjà en train de m'attacher.

Sans y être vraiment autorisée par les équipes médicales.

Alors, comment réagirais-je si nos peaux finissaient par se toucher ? Si l'image de ce bébé se matérialisait ? J'en serais immédiatement amoureuse, je ne pourrais que l'aimer.

Et si mon enfant naissait trop tôt ? S'il ne survivait pas à cette grossesse chaotique ? Je n'étais plus certaine d'avoir l'armure nécessaire pour quitter ce combat sans de sérieuses blessures.

Dimanche 16 octobre 2022, hôpital André-Grégoire à Montreuil (Seine-Saint-Denis)

J'étais seule cette nuit-là dans ma toute nouvelle chambre d'hôpital que j'occupais depuis le début du mois d'octobre quand j'entendis un *crac*. Comme un petit os se briser. Pourtant toujours aucune douleur, rien de cassé. Je passais la totalité de mon temps allongée ou assise, comment aurais-je pu me faire mal ? Dans la foulée, une vague de chaleur se diffusa dans mon bassin. J'eus la sensation de tremper le lit. J'avais toujours des pertes de sang mais cette fois c'était différent. Je me faisais dessus. Je me souvins de ma perte des eaux pour Crapaud. Cela s'était produit en plein milieu de la nuit aussi, mais à la maison et certainement pas au même stade. Je ne pouvais pas avoir percé la poche… Le liquide qui maintenait ma fille au chaud ne devait pas couler et s'extraire de moi si tôt. Je nageais en plein cauchemar. Je n'étais qu'à vingt-cinq semaines !

— Madame, vous avez bien perdu les eaux, je suis navrée.

L'interne de garde du service des grossesses à haut risque de l'hôpital André-Grégoire à Montreuil pinçait ses lèvres comme si elle se détestait d'avoir eu à lâcher ces maigres mots.

Elle s'était montrée silencieuse durant l'échographie de contrôle censée vérifier si tout allait bien après le craquement ressenti dans la nuit. Sans même demander un second avis à un confrère, elle prit conscience de la gravité de la situation. L'écran montrait que le liquide amniotique avait complètement disparu de la poche et sortir dès maintenant le bébé n'était pas une option réjouissante.

— OK, donc concrètement ça veut dire quoi ? Je vais accoucher ?

Je tentais de garder mon calme face à cette annonce et me disais que Pierre devait être prévenu au plus vite.

— Non, vous n'allez pas forcément accoucher, madame.

L'interne tentait de me rassurer…

— Si le travail ne se met pas en route, vous pouvez très bien garder votre bébé en vous encore des semaines.

— Je ne comprends pas, comment peut-elle survivre sans liquide amniotique, la petite ?

— Le liquide peut se recréer, madame, il s'agit principalement des urines de votre bébé. Après, vous continuerez d'en perdre quotidiennement, mais vu que cela se reforme en continu, un équilibre peut se faire et permettre de garder votre enfant au chaud plusieurs semaines.

Je ne savais plus quoi répondre face à autant d'éléments nouveaux. Cela faisait beaucoup de peut-être dans une même phrase, trop d'incertitude. Pour moi, sans ou avec très peu de liquide, je perdais mon bébé. On ne flotte pas dans une piscine sans eau ! On ne survit pas le visage et les membres comprimés dans un sac ! L'interne reprit, voyant ma méfiance :

— Je sais que cela paraît fou. Et je ne vous cache pas qu'en général, et mécaniquement… la perte des eaux entraîne dans les jours, voire la semaine qui suit, une ouverture du col puis un accouchement. Mais n'oubliez pas, madame, que c'est le cordon qui oxygène votre bébé, pas l'eau dans la poche.

Une autre interne prit ensuite la parole pour faire le sale boulot. Une jeune femme au discours aussi tranchant qu'au physique tout en rondeurs. Elle n'était pas là pour me rassurer mais pour m'exposer des faits concrets. Elle m'expliqua les risques d'infections liés à la perte précoce de liquide. Les risques également pour le bébé de rester trop longtemps dans un environnement aussi sec. Les risques qu'il développe une hypoplasie pulmonaire – la plus sévère des complications néonatales – et qu'il se retrouve en détresse respiratoire une fois hors de mon corps. Et ce, même si l'on parvenait à le garder au chaud de précieuses semaines pour qu'il grandisse et se développe davantage…

Encore des risques à chaque coin de phrase.

Mon cerveau surchauffait.

Les choses devenaient affreusement réelles. Le jour commençait à se lever, je retournai dans ma chambre avec pour seule consigne d'attendre allongée et de signaler toute douleur. Qu'elle soit contrainte de sortir maintenant de sa bulle ou qu'elle tienne encore des jours dans mon ventre, notre petite guerrière ne jouissait pas des meilleurs présages.

Sans oublier que je risquais toujours qu'une hémorragie se déclenche en cas de grosses contractions avec le placenta *prævia*. Il fallait absolument que Pierre me retrouve. Affronter cette nouvelle épreuve seule n'était pas envisageable. Je lui envoyai un texto au petit matin :

Viens vite, j'ai perdu les eaux.
Trouve un moyen de faire garder Crapaud.
C'est la merde ici.

Mercredi 19 octobre 2022

J'appuyai sur le bouton rouge de secours, situé juste à côté des toilettes, pour demander de l'aide. À peine une minute plus tard, du personnel accourut dans ma chambre. Il faut croire que tout le service s'attendait à ce que les choses dégénèrent. Déjà trois jours que j'avais perdu les eaux dans mon lit, en pleine nuit. Trois jours suspendus où, avec Pierre et l'équipe de soignants de l'hôpital de Montreuil, nous retenions notre souffle. Trois jours où cette grossesse à haut risque semblait encore tenir bon malgré l'infortune.

Ce mercredi après-midi, devant une forte envie d'aller à la selle, je me déplaçai péniblement jusqu'à la salle d'eau. J'eus à peine le temps d'enlever mon pantalon et mon slip filet jetable qu'entre mes cuisses, je découvris l'horreur. Un minuscule bout de cordon ombilical était en train de se faire la malle. Il avait la couleur de la chair fraîche. Il était encore chaud. Je le sentais pendre et tenter de fuir mon intimité. Ce n'était pas douloureux. Pourtant, c'est comme si l'on me plantait un pieu en plein cœur.

Comment était-ce possible ? Le placenta devait bloquer tout passage. Comment le cordon pouvait-il se faufiler et se retrouver à l'entrée de mon vagin ? Je ne comprenais plus rien. J'étais perdue. Je poussais des hurlements de panique. Des cris inhumains tout en retenant ce petit bout de tuyau avec mes mains tremblantes. Je me tenais toujours debout, juste à côté des WC, mais pliée en deux. Je me courbais pour garder la main sur mon entrejambe tandis que mon corps me suppliait de ne pas m'effondrer à terre.

Une sage-femme entra soudainement dans la salle d'eau et me fit taire en me secouant, comme pour acter qu'elle-même n'était pas en train de vivre un mauvais rêve. Elle prit une seconde pour analyser les choses avant d'articuler en me regardant droit dans les yeux :

— Calmez-vous, madame ! Je vais tenter de vous allonger, vous faites une procidence du cordon. Votre placenta a certainement dû se décoller. C'est grave, madame, vous risquez une hémorragie sévère. Il faut vous conduire au bloc immédiatement !

Le grand loto de l'univers

Mercredi 19 octobre 2022,
hôpital André-Grégoire à Montreuil
(Seine-Saint-Denis)

Les équipes soignantes n'avaient, pour la plupart, jamais assisté à un tel cumul de complications dans un cas de placenta *prævia*. Saignements en continu + rupture prématurée des membranes + procidence du cordon : cela s'additionnait très, très rarement. Et l'heure n'était plus du tout à la rigolade : Pierre me vit emportée à la hâte sur un brancard pour une césarienne d'urgence. Code rouge.

Toujours cette satanée couleur qui me poursuivait…

Ma vie et celle du bébé étaient menacées. Il fallait agir vite, m'inciser le ventre et l'utérus dans les dix minutes. J'eus à peine le temps de tenir une dernière fois la main de Pierre au bout du couloir. En quelques secondes, mes vêtements furent découpés et je me retrouvai nue, allongée les bras en croix, dans un anxiogène bloc opératoire. Je ne voyais plus ce qui se jouait en dessous de ma poitrine à cause d'un drap bleu stérile positionné par les équipes. Je sentais plusieurs mains s'activer au-dessus de moi, des compresses froides de liquide antiseptique me nettoyant les zones de l'abdomen à entailler. La lumière de la salle était aveuglante. Je devais répondre à une foule de questions :

— Madame, avez-vous déjà eu une anesthésie générale ? Quand avez-vous mangé pour la dernière fois ?

— Madame, vous avez bien compris ? Vous n'êtes qu'à la vingt-cinquième semaine d'aménorrhée, si le bébé pèse moins de 500 grammes, on vous le redit, on ne le réanimera pas…

— Madame, réagissez ! Dites-nous que vous avez bien tout compris, s'il vous plaît !

Je ne savais plus où j'habitais. Je tremblais comme une épileptique. *Je ne sais pas, je ne sais plus… je suis désolée !* bafouillais-je. Panique à bord. Je ne trouvais en moi, à cet instant, que la force d'hurler mon ultime angoisse. Mon ultime souhait avant d'être endormie :

— Sauvez-moi ! Sauvez-moi, s'il vous plaît… J'ai un fils de quatre ans à la maison, il ne peut pas perdre sa mère !

L'anesthésiste me demanda d'inspirer profondément dans un masque à oxygène. J'adressai à la va-vite un appel à un Dieu inconnu avant de sombrer.

S'il en existe un, qu'il m'épargne. Qu'ils nous épargnent.

Puis, plus rien, *black-out* total.

*

Lorsque j'ouvris les yeux en salle de réveil, je n'eus pas besoin de messagers pour m'apporter la mauvaise nouvelle. Je le savais déjà. Il y a des choses que les femmes, les futures mères, ressentent avant même de l'apprendre de la bouche des médecins. Comme un sixième sens… Et mon intuition était la bonne. Mon ventre était cruellement vide. Ma petite guerrière avait perdu son dernier combat.

Ce mercredi 19 octobre 2022, en plein milieu de l'après-midi, alors même que j'étais sous anesthésie générale, elle avait été arrachée à mon corps pour sauvetage maternel. Sur les 1 940 bébés nés en moyenne par jour en ce mois de l'année, la mienne, mon bébé, ma fille, était née vivante mais non viable. Elle ne pesait que 480 grammes. À peine le poids d'une petite miche de pain ou de quatre pommes Golden.

Elle s'était éteinte paisiblement au bout de quelques minutes de vie. Ça, ce sont les soignants qui nous l'ont confié. Ni Pierre, ni moi n'étions là pour la border, pour l'accueillir en ce monde puis la voir le quitter. Sa croissance n'avait pas été optimale à cause de ce foutu placenta. Si elle avait pesé un peu plus, si elle avait grappillé du souffle à son destin… elle n'aurait pas eu davantage de chances de s'en tirer vivante.

D'après les pédiatres des soins intensifs, rien n'aurait pu la sauver de lourdes séquelles et d'une mort inéluctable. Elle n'eut droit qu'à une prise en charge palliative. Pas de réanimation, pas d'acharnement. Pas de chance jusqu'au bout…

Ma petite fille, au grand loto de l'univers, tu n'avais pas tiré le bon numéro.

Les joues encore trempées, Pierre finit par me rejoindre :

— Tu as été si courageuse, Emma, je t'aime.

J'avais sommeil, j'étais cassée. Je venais d'être coupée en morceaux et réalisais juste. Je cherchais autour de moi du réconfort, mais rien, hormis Pierre et sa tête de déterré, n'avait forme humaine dans cette frigorifique salle de réveil. Deux rideaux mal installés entouraient mon lit. Ils me muraient dans une forme de solitude. Derrière moi, un écran bipait au gré de mes constantes. Des câbles reliaient mon corps à des machines, un brassard fixé sur mon bras gauche prenait ma tension artérielle. Une infirmière m'avait recouverte d'une couverture chauffante. Je perdais encore du sang, je gelais. Une sonde urinaire terminait sa route dans une poche transparente afin de surveiller la teinte de mes liquides. Au bout de la pièce, immense et dépeuplée, j'apercevais un bureau. Certainement celui d'une autre infirmière partie fumer une clope pendant que je sortais péniblement de ma léthargie.

Pierre me tenait si fort la main, ma gauche ou ma droite, je ne savais plus, qu'il aurait pu me la briser. Sa douleur faisait écho aux gémissements de la seule patiente visible depuis mon lit. Cette femme, allongée aussi, semblait avoir eu droit à la même césarienne d'urgence.

Dans cette pièce semblable à un mouroir, je tentais de rejouer l'intégralité du film dans ma tête. Il était tard. Du moins, c'était mon ressenti. Les heures avaient certainement eu le loisir de défiler depuis mon passage sous le scalpel du chirurgien. En réalité, je ne savais pas depuis combien de temps j'avais été ouverte. Ni quand je sortirais de cette salle de réveil. L'infirmière m'avait simplement informée que je devais encore faire l'objet d'une surveillance accrue. La crainte que mon corps saigne abondamment, malgré l'arrêt brutal de la grossesse, restait présente.

Avec effort, je regardais Pierre pour lui adresser un léger sourire. Les calmants semblaient m'aider à relativiser. J'aurai dû hurler de rage, m'effondrer en pleurs, mais j'étais plutôt envahie par un sentiment de soulagement. L'impression d'avoir été libérée. De ne plus vivre sous la menace. De me réveiller d'un affreux cauchemar.

Si je venais à saigner trop, ils me transfuseraient. Mais mourir d'un *prævia* n'était plus d'actualité. Le principal coupable, ce fichu placenta, m'avait été retiré durant la césarienne d'urgence. Ma fille resterait la seule victime de ces innombrables pertes de sang, de ce déluge écarlate. Je songeais à mon fils, Crapaud, qui allait bientôt revoir sa mère et, à cet instant précis, je me sentais plus armée que Pierre. Je pouvais déjà entrevoir du positif dans ce désastre. Je savais aussi que les médecins avaient sauvé mon utérus malgré l'hémorragie.

Calmer la souffrance de Pierre me paraissait prioritaire. Je me raclai la gorge pour briser le silence :

— C'est mieux comme ça, Pierre… Elle n'aurait manifestement pas survécu à la néonat'. Je préfère l'idée de la perdre maintenant qu'après quelques semaines ou mois d'une vie en couveuse.

— Je sais, mon cœur, mais je m'en veux. Ils m'ont demandé si je voulais venir auprès d'elle quand ils l'ont sortie de ton ventre et du bloc. Je l'ai abandonnée… J'ai refusé. Je n'ai pas pu la voir. Je ne voulais pas assister à sa mort.

— Ce n'est rien, Pierre. J'aurais réagi exactement comme toi. Tu t'es préservé.

Je pouvais encore sentir la sonde d'intubation qui m'avait été extraite de la gorge après l'anesthésie générale. J'avais soif. J'éprouvais une intense pression dans le bas du ventre, au niveau du pansement masquant la suture. Je repris mon souffle :

— Tu sais, Pierre, on n'a pas besoin d'une image de notre fille éteinte pour se souvenir d'elle… Toi, Crapaud, moi, on est une famille. On va se relever de tout ça ensemble.

Je parlais sans songer aux lendemains.

Je venais de clore un terrifiant chapitre de ma vie de femme. Une infirmière arriva pour vérifier mon état.

Elle était masquée mais son regard débordait de peine pour moi. Pour nous… La perte du bébé s'était ébruitée. Ce genre de drame, même dans une unité consacrée aux grossesses pathologiques, enflammait les allées aussi vite qu'une mèche de pétard. Elle me toucha l'épaule et me souffla le mot *mektoub* – destin, en arabe – puis elle m'assura que rien de tout ce qui venait d'arriver n'était ma faute. Face à cette tentative de réconfort, je pensais me répandre en un océan de larmes. Mais rien ne coula.

Mon corps n'était plus anesthésié mais mon cœur semblait l'être. Je ne comprenais pas mes réactions. Malgré la fatigue, le choc de l'opération, je positivais. Quelle mère ne pleure pas son enfant après un tel dénouement ? J'étais sèche, je planais au-dessus de toutes ces scènes. *Avec moins de médicaments, je retrouverais mes larmes*, songeais-je. Profitant de me constater la plus vaillante du couple, je glissai à Pierre les derniers mots dont il avait besoin.

— Tout va bien, je vais bien. On n'a rien fait de mal. On n'a absolument rien à se reprocher.

Des bouts de toi

Avec Pierre, nous faisions désormais partie de la famille des *paranges*. Cela nous paraissait invraisemblable.

Les termes *paranges*, *mamange* ou bien *papange*, nous ne les connaissions même pas avant de perdre notre fille. Nous ne savions rien de leur popularité sur les réseaux sociaux ou dans les groupes de parole. Nous ignorions leur signification réelle : les parents en deuil d'un bébé, les mères et les pères de petits anges…

En toute honnêteté, je n'aimais pas l'idée d'être étiquetée ainsi. D'être devenue, dans la bouche de certains, la maman d'un petit être avec des ailes. Non. Ça ne me plaisait vraiment pas. La connotation religieuse m'agaçait. S'il existait bien un Dieu, il ne m'avait pas été d'une grande aide durant cette grossesse. Je ne voulais plus en entendre parler. Pourquoi ma guerrière ne pourrait-elle pas devenir ce qu'elle voulait ? Une étoile filante, par exemple ?

Pour moi, plus qu'une *mamange*, j'étais surtout une femme en colère. Une femme qui avait perdu sa progéniture avant de pouvoir la protéger de ce monde. Même si j'appréciais de ne pas être seule, d'entendre des histoires semblables aux miennes, je n'étais absolument pas fan d'appartenir à ce groupe de la *lose*. Un groupe pour ceux qui auront toujours un brin de fureur et de tristesse dans le regard.

Merde, quoi. Le deuil n'est pas un mot censé s'appliquer d'une manière ou d'une autre aux enfants. Ni même aux jeunes adultes. C'est réservé aux vieux. Aux courbés. Aux personnes ayant pu profiter de la vie avant de la quitter.

Et cette journée de sensibilisation au deuil périnatal qui tombait le 15 octobre… *Idem*, nous apprenions son existence. Surtout, nous trouvions cela bien cynique d'avoir perdu notre bébé seulement quatre jours après cette date. Vraiment, rien ne nous emballait dans ce nouveau vocabulaire et ce cercle de parents auquel nous aurions préféré ne jamais appartenir.

*

Le deuil périnatal reste largement flou pour quiconque a la chance de ne jamais y être confronté. Il concerne les morts de bébés, *in utero* mais aussi en dehors du ventre de la mère, après vingt-deux semaines d'aménorrhée et à la naissance, jusqu'à une semaine de vie. Cette monstrueuse catégorie de deuil, car oui, nous encaissions que le deuil pouvait être pluriel, devenait la nôtre. Nous allions ainsi devoir composer avec cet espace tabou où les naïfs n'ont plus leur place; où les bébés cessent de respirer sans savoir marcher. Nous le découvrîmes assez vite: il n'existe aucune formule magique pour aller mieux. Le deuil périnatal n'est pas moins compliqué qu'un autre.

Je ne ressentais pas encore le manque de mon bébé, de cette guerrière nichée en moi ces derniers mois, mais je savais qu'il surviendrait. Le plus tard serait le mieux. Pour l'instant, Pierre sanglotait pour deux et moi, j'amassais des informations. Je tenais à me montrer digne tant que j'y arrivais. Peut-être pour ne pas m'éclater, la face sur le sol. Pour garder la tête haute et ne pas me détester d'avoir parfois souhaité, dans la pénombre de mes chambres d'hôpital, que tout prenne fin. Pour ne pas culpabiliser de m'être sentie allégée d'un poids lorsque je compris mon ventre débarrassé…

Au lendemain de la césarienne d'urgence, les sages-femmes du service des grossesses à haut risque de Montreuil sont venues déclencher la discussion. Des parents endeuillés, elles en voyaient passer. Si elles comprenaient que chacun réagissait différemment, elles savaient l'importance du temps. Elles nous avaient laissé la nuit pour assimiler. À présent, il fallait sortir les mots. Raconter à voix haute ce cauchemar avant d'en oublier les détails.

Chiffres à l'appui, les sages-femmes ont tenté de nous rassurer : 25 % des grossesses dans le monde n'allaient pas à leur terme et le taux de mortalité périnatale s'élevait, quant à lui, à 10 %. Ces données, nous aurions aimé ne jamais les collecter dans nos crânes. Puis, elles nous ont expliqué que nous pourrions décider de voir ou non notre bébé. De la prendre dans nos bras, de regarder les photos prises par le personnel médical à sa naissance, de demander les empreintes faites de ses pieds, de ses mains… Face à nos mines déconfites, les sages-femmes nous ont remis un livret sur le deuil périnatal contenant des adresses d'associations et des informations utiles sur la suite, si nous souhaitions enterrer notre fille. Je ne l'ai jamais feuilleté. Pierre, lui, n'a même pas osé le tenir entre ses mains.

Il a fini direct dans la poubelle.

Nous ne voulions rien de tout cela. Nous ne souhaitions pas même devenir les parents d'un bébé mort. Cette discussion et cette proposition de lecture, trop concrètes sur le sujet, n'étaient pas dans nos cordes. Avec Pierre, nous étions partisans du *loin des yeux, loin du cœur.* Il nous fallait nous barricader. Approcher notre fille de trop près hanterait nos esprits. Comment ne pas la trouver belle ? Bien sûr qu'elle aurait des traits inoubliables. Qu'elle imprimerait notre rétine d'un seul coup d'œil sur son petit corps. Rendre cette perte tangible ne nous convenait pas, ne nous aiderait pas. C'était bien trop dur. Comment revivre, retrouver la paix, après avoir fixé son bébé inerte ? Je disais à Pierre que je me foutais bien de passer aux yeux des autres pour une mère ingrate.

Jamais je ne pourrais me relever d'une telle vision.

L'hôpital de Montreuil nous proposa alors de s'occuper de notre petite guerrière. De faire le nécessaire avec sa dépouille que nous refusions de rencontrer. Notre fille serait gardée quinze jours avant d'être incinérée. Si entre-temps, nous changions d'avis… nous pourrions la voir. Ensuite, ses cendres seraient dispersées auprès de celles d'autres bébés dans un jardin qui leur est consacré à l'extérieur de l'hôpital.

Ce n'était pas facile mais nous nous étions choisis. Il nous paraissait crucial de rester unis dans le camp de la vie et d'éviter celui de la mort. Rien dans tous ces rituels autour du décès ne nous mettait à l'aise. L'hôpital nous informait toutefois que les photos et empreintes de notre fille resteraient dans son dossier, consultable sans date limite. Nous ne savions pas si c'était là une façon de rassurer les parents… ou de les faire se sentir encore plus mal : *vous n'êtes pas prêts aujourd'hui, le jour où vous prendrez enfin vos responsabilités, bande de mauviettes, heureusement l'hôpital aura tout gardé pour vous !*

Nous avons finalement accepté de ne recevoir qu'un seul souvenir de notre fille : son bracelet de naissance. Celui qu'elle a porté durant son court passage parmi les vivants. Un minuscule bracelet rose, en plastique, sur lequel une sage-femme avait griffonné mon nom de famille. Pierre et moi nous sommes mis d'accord pour ne pas donner de prénom tout de suite à notre guerrière. Ni l'inscrire sur le livret de famille auprès de Crapaud. Non pas parce qu'elle n'a pas compté… mais parce que nous préférions ne pas ancrer et enregistrer sa mort. Plus que tout, nous voulions garder une image d'elle vivante. Cette petite anonyme en mon ventre qui battait des poings et pédalait des pieds à chaque échographie. Elle n'avait pas sa place dans un monde figé.

Ce bracelet, nous avons un temps pensé à le planter dans la terre avec une graine. Ou le jeter à la mer pour lui offrir l'aventure. Puis, le fait qu'il soit en plastique nous a découragés.

Ce bracelet, je l'ai longuement reniflé. Je l'ai porté à mes lèvres. Je ne savais pas ce que j'en espérais. Peut-être goûter un peu de sa peau. Reconnaître si la beauté fugace dégageait une odeur… Ce bracelet, je décidai en accord avec Pierre de le garder au chaud, dans une enveloppe ornée d'un cœur dessiné au crayon rouge. Ce bracelet, nous le garderons avec nous le temps de lui trouver un meilleur lieu de repos.

Rentrer chez soi

Dimanche 23 octobre 2022, hôpital André-Grégoire à Montreuil (Seine-Saint-Denis)

Quatre jours après l'opération, après mon sauvetage et le dernier souffle de ma fille, je demandai à rentrer chez moi. Je ne supportais pas l'idée de passer un jour de plus à l'hôpital. J'en avais assez vu. J'étouffais. Ses murs n'avaient plus rien à m'offrir. Les odeurs de ses couloirs, de ses chambres, de ses plateaux-repas, de ses salles d'auscultation, de sa douche, de sa cafétéria me filaient la nausée. Mes narines restaient aux aguets.

Je suppliais mon corps de revenir à la normale. On ne parle pas assez des suites de couches. De ce temps suspendu où les femmes ne sont plus pleines mais paient la grossesse passée. Nos seins gonflent, s'alourdissent. La peau s'affine, tire. Au moindre frottement de vêtement, les douleurs sont terribles. Même plus enceinte, même avec un bébé quelque part dans un tiroir de la morgue de l'hôpital, ma poitrine activait son mode « montée de lait ».

— Mettez un soutien-gorge bien serré jour et nuit, madame, et surtout, ne touchez à rien ! Laissez vos seins en paix !

Les infirmières de l'hôpital savaient mon désespoir d'avoir mal sans la consolation d'un nouveau-né respirant à mes côtés. Elles me promettaient que tout serait réglé d'ici quelque temps. Mon corps comprendrait qu'il n'y avait rien à nourrir.

Ce sont elles, également, qui m'ont forcée au lendemain de l'opération à me lever du lit :

— Plus vous vous redresserez tôt, moins vous mettrez de temps à vous remettre de la césarienne.

Décidément, elles avaient un avis sur tout, un conseil avisé à chacun de mes maux. Et moi qui devais acquiescer au risque de passer pour la mauvaise malade, la chochotte...

— Vous êtes passée par tellement pire, madame, vous avez été d'un courage exemplaire durant ces mois, toutes ces semaines hospitalisées, ce n'est pas pour craquer et faire la douillette maintenant !

Voilà à quoi j'en étais réduite.

À payer le prix de ma résistance, de ma résilience.

Je serrais les dents. J'acceptai une douche peu après avoir été recousue. Deux infirmières ont été nécessaires pour m'aider à me tenir droite. Mon ventre était rigide, tacheté de bleu. Comme si j'avais été rouée de coups. Mes bras, lourds et maladroits. Avec peine, je me savonnai seule. Je n'arrivais plus à suivre le rythme d'un acte si routinier. Jamais une de mes douches n'avait été aussi rapide.

Au bout de quelques minutes sous l'eau chaude, je m'effondrai de souffrance, posant mon fessier endolori et flasque sur une chaise en plastique à proximité. Le pansement de la césarienne se décollait avec l'humidité. Première fois que j'apercevais cette ligne, cette incision d'une dizaine de centimètres au fil de suture visible. Je n'osais pas encore la toucher. De peur que ça se réouvre. Que ça saigne... toujours ce putain de sang qui m'angoissait. Et les sages-femmes qui me demandaient de savonner, de tapoter avec mes doigts. Même pas en rêve. Face à cette entaille, je me suis mise à pleurer. Les premières larmes versées depuis mon passage au bloc. Depuis la salle de réveil où j'avais tenté d'essuyer celles de Pierre.

Enfin, ça sortait. J'avais des émotions, j'étais triste, je n'étais pas qu'une boule de colère. Enfin, j'éclatais en sanglots. Enfin, je me sentais humaine. L'impression de ne plus flotter au-dessus de mon corps. Je me sentais si affaiblie. Je m'en suis voulu. Tout était censé être fini, l'enfer devait se trouver derrière moi… et je réalisais, à ce moment précis sous la douche, le chemin qu'il me restait à parcourir.

On ne sort pas intacte d'une césarienne en urgence. Rien dans le mot « urgence » n'indique qu'il est possible de s'en relever sans traumatisme. On ne tranche pas autant de couches de peau, de graisse, de tissus, on n'écarte pas autant de muscles, on n'incise pas l'utérus à coups de lame sans conséquences. Ça fait mal. Pas immédiatement, mais les heures suivantes. Bon sang, que ça fait mal ! Même avec de l'Acupan, même avec du Tramadol, même avec les meilleurs antidouleurs.

— Il se peut que la cicatrice vous gêne, me lança une soignante.

Elle était bonne, celle-là ! Cela ne gênait pas, cela me disloquait de l'intérieur ; cela me pulvérisait. Bien sûr, ma douleur physique était amplifiée par celle de mon âme. Par la perte de ma petite fille. Mais il n'existe rien de comparable au supplice des lendemains d'une césarienne code rouge.

Bien sûr, les femmes finissent par oublier. Les femmes savent si bien se protéger. Elles ne sont pas toutes masochistes. Bien sûr, ça finira par cicatriser, par ne plus être qu'un trait blanchâtre sous la lingerie. Bien sûr, d'ici plusieurs mois, je n'aurais plus la sensation d'être écartelée à chaque mouvement. La souffrance de la césarienne deviendra floue pour ne laisser place qu'à la seule inaltérable : celle de ne pas avoir pu en réchapper auprès d'un bébé en bonne santé. Celle de ne pas avoir su imposer à mon corps de se contenir plus longtemps. De ne pas abandonner si tôt.

*

Ce dimanche 23 octobre 2022, le service des grossesses à haut risque de l'hôpital de Montreuil acceptait mon départ anticipé après un peu de paperasse à signer. Cela faisait quatre jours que ma grossesse s'était arrêtée. J'avais pour consigne de me faire des piqûres d'anticoagulants à la maison afin d'éviter une phlébite ou une embolie pulmonaire. Que de réjouissances. J'acceptais évidemment. Pour être libre. Pour partir de ce lieu lugubre. Je me piquerais seule le haut des cuisses, je me ferais seule de nouveaux hématomes. La Emma trouillarde, à son arrivée dans le service, n'existait plus.

De retour chez moi, après une course en taxi, je peinais à marcher seule, à monter les escaliers, mais j'étais exactement là où je voulais être. Mon cerveau ne demandait qu'à fuir de ce tunnel hospitalier. Revoir la lumière du jour, retrouver la chaleur humaine. Je pouvais enfin enlacer mon fils, le revoir sans écran interposé, l'écouter me raconter ses journées d'école, lui lire une histoire, puis deux, avant de le coucher. Je pouvais de nouveau regarder la télé avec mon mec, commander des plateaux de sushis. Je récupérais un semblant de vie normale. Qu'est-ce que ça faisait du bien ! Tous ces petits riens de mon ancien quotidien, j'en étais sûre, m'aideraient à enterrer cette grossesse malheureuse. À me reconstruire.

Les premiers jours auprès de Pierre et de Crapaud, je retrouvais également l'énergie de rallumer mon téléphone. Il était coupé depuis le soir de ma perte des eaux prématurée. Jamais je ne l'éteignais. Pourtant, à l'hôpital, j'avais décidé de faire silence radio.

Dans tout ce chaos, je ne savais pas quels mots pouvaient sortir de ma bouche. Quels textos je pouvais envoyer. Je craignais de déverser un maximum de conneries. De regretter plus tard des choses exprimées trop tôt. Je n'avais pas bien supporté les sollicitations de mon entourage inquiet, demandeur de nouvelles quotidiennes…

Quelles nouvelles avais-je à donner ? Dire que rien n'allait plus ? Que je passais ma vie sur un lit d'hôpital ? Que cette grossesse était un agglomérat de malchance ? Je ne voulais pas mentir, enjoliver la réalité pour rassurer les autres. J'avais déjà bien assez à faire avec moi-même. Pierre et moi devions gérer notre stress. Les autres pouvaient attendre. Couper ce téléphone, c'était m'assurer une trêve.

Je savais pertinemment que j'allais me prendre une baffe en le rallumant ; être assommée par la quantité de messages. Mais je ne me doutais pas une seconde de la vague d'amour qui me percuterait. Après la perte de notre bébé, Pierre avait contacté le noyau dur de nos familles, de nos amis et connaissances, il avait aussi averti nos chefs et collègues de bureau. Chacun savait le drame et était sommé de nous laisser du temps et de l'espace.

Pierre faisait toujours ce qu'il fallait…

Et les gens, globalement, respectaient notre besoin de revenir pas à pas. Il y a eu ceux, mal à l'aise avec la mort et d'autant plus celle d'un bébé, qui se sont effacés après un texto de rigueur. Il y a eu ceux qui nous ont ouvert leur cœur, pudiquement. Les langues se délient dans ce genre de moment. Certains chagrins bien gardés cessent de se taire. Le malheur des uns réveille celui des autres.

Sans éclipser notre perte, des copines m'ont ainsi appris des fausses couches passées sous silence. Des grossesses envolées avant même d'être annoncées. J'ai reçu des témoignages de connaissances ayant perdu un bébé à la naissance. Comment avais-je pu passer à côté de ce pan de leur histoire ? Il y a ces collègues qui m'ont conté leur tristesse d'interrompre des grossesses pour diverses raisons. Au-delà de la compassion, chacun nous offrait une part de lui-même. Sans rien attendre en retour. C'était bien la première fois que j'assistais à un tel partage, sans économie.

Dans le flot des messages, je tombai sur l'un d'entre eux, écrit par mon amie Charlotte :

Pierre m'a dit ce qui s'était passé.
Je suis navrée, ma belle…
Prends le temps qu'il faut et fais-moi signe
lorsque tu retrouves l'envie de mettre le nez dehors.
Je t'embrasse. Charlotte

Allongée sur le canapé, Pierre écroulé de fatigue à mes côtés, et avec pour seules lumières celles du téléviseur et du téléphone, je lui glissai à mon tour un texto nocturne. Charlotte était l'une de mes meilleures amies et elle tombait à pic.

Ce soir-là, mon corps creusé de force à l'hôpital venait de se remplir à nouveau. Tous ces récits d'autres femmes m'habitaient maintenant. Ils auraient pu me plomber. C'était tout l'inverse. Pourquoi sommes-nous autant à trébucher ? Pourquoi ces sourires de façade, ces non-dits ? Je réalisais ma nouvelle urgence à vivre. Du temps, je ne me voyais plus en gaspiller.

Je ne réponds que maintenant, désolée…
J'avais coupé mon téléphone.
Merci pour tes mots, ma Charlotte. On se voit très vite.
Besoin d'air, de copines, d'alcool…
Et prévois le taxi pour notre virée car j'ai la démarche
et l'allure d'une grand-mère !

J'ai des choses à te dire

Avant toute chose, avant de revoir mes amies, il fallait que je parle à Crapaud. Depuis mon retour, je retardais ce moment. Je n'avais pas évoqué avec lui le sujet de sa petite sœur. De peur de craquer. Je savais qu'il n'était pas idiot. Les enfants sont des éponges. Il avait bien saisi que je lui cachais une vérité. Je lui devais une explication. Un après-midi, je me lançai. Je l'attendais à la sortie de son école pour l'emmener prendre un chocolat chaud au café du coin.

— Je suis content, maman, que tu sois venue me chercher avant le goûter à l'école !

— Je sais, mon chéri, moi aussi ça me fait plaisir. Et tu sais, maman va être à la maison encore quelques semaines pour se reposer. Alors, elle pourra venir te chercher souvent plus tôt…

— Moi, je préfère quand tu es là. J'aimais pas l'hôpital !

Voilà, il avait lancé le sujet. Je ne pouvais plus reculer. Et face à deux boissons chaudes, en tête à tête avec mon fils, j'eus le trac.

Ce petit être d'à peine un mètre de haut, paré de son plus beau sweat-shirt *Jurassic World*, m'impressionnait davantage qu'une star du monde du cinéma ou de la musique. Dans ma carrière, je m'étais déjà retrouvée à interviewer des personnalités comme Angelina Jolie, Jude Law, Monica Bellucci, Justin Timberlake, sans vaciller. Sans ressentir la moindre pression. Pourtant, là, dans mon rôle de maman, je me liquéfiais. La simple idée d'ouvrir la bouche face à mon fils de quatre ans me terrorisait. S'il fallait une preuve de mon amour pour lui.

— Mon chaton, tu sais, je ne vais pas retourner à l'hôpital. C'est fini tout ça. Tu peux être rassuré.

Je buvais une gorgée de mon chocolat en manquant de m'étouffer avant d'ajouter :

— Je ne te quitterai plus jamais, je te le promets. D'ailleurs, je ne voulais pas être loin de toi, mais je n'avais pas le choix. Écoute, chaton… j'ai des choses à te dire.

Je ne pouvais plus tourner autour du pot. J'allais lui balancer la pire chose qu'un gamin puisse entendre. J'allais lui annoncer qu'il ne serait pas grand frère. Que le bébé dans le ventre de sa mère était mort. Il fallait que j'arrache le pansement d'un coup sec. Que je guette s'il se mettait à pleurer.

S'il pleurait, c'était la cata.

S'il pleurait, il aurait droit à tous les cadeaux du monde pendant des mois, à toutes les sucreries, à tous les tours de manèges possibles. Je lui passerais tous ses caprices. Je ne me pardonnerais jamais d'avoir fait couler ses larmes avec une telle annonce.

— C'est à cause du bébé que t'as encore mal au ventre, maman ?

— Non, mon chat. J'ai mal à cause de ma cicatrice… Et tu sais, le bébé, il est plus dans mon ventre, maintenant.

— Ah bon, il est où alors ?

— Il est parti vers les étoiles. Il n'était pas assez fort pour vivre avec nous sur Terre.

— Et moi, je suis fort, hein, maman ?

Il tentait de se rassurer en me montrant ses muscles à travers ses vêtements.

— Toi, tu es le plus fort, mon cœur ! Mais le bébé, il ne l'était pas autant. Il n'aurait jamais pu courir aussi vite que toi... à la vitesse de l'éclair !

— OK, finit-il par lancer en faisant mine de réfléchir. Alors, c'est pas grave, maman. Tu sais, on aura un autre bébé plus tard et il sera très, trèèèèès fort !

La vérité sort de la bouche des enfants, paraît-il.

À cet instant précis, j'avais très envie d'y croire. J'avais les yeux humides mais je parvenais à masquer ma tristesse. Je le voyais sourire et passer à autre chose en sortant de son sac à dos ses dessins réalisés à l'école. Les enfants ont cette capacité rafraîchissante à passer du coq à l'âne. Ouf ! Il n'avait pas pleuré. Mon cœur n'avait pas eu à être brisé une deuxième fois.

*

Qu'allais-je faire à présent de tout ce temps ?

J'étais officiellement arrêtée. En congé maternité.

Ce, même si mon bébé était mort à la naissance.

J'avais dépassé les vingt-deux semaines de grossesse et la Sécurité sociale m'offrait le droit de bénéficier de mes six semaines de congé anténatal et de mes dix semaines postnatales. J'avais devant moi seize longues semaines sans avoir à mettre un orteil au boulot. Seize semaines pour moi. Me reposer, me retrouver. Du temps pour tenter de faire la peau à la culpabilité qui me collait depuis cette grossesse sanglante.

Lors de mon premier congé maternité pour Crapaud, j'avais haï ces semaines seule à la maison. À vivre en pyjama, à me faire vomir sur l'épaule, à me déplacer sur la pointe des pieds pour ne pas réveiller le monstre. Cette fois, il n'y avait aucun bébé dans mes pattes.

Et j'aurais tant aimé pouponner.

Ces seize semaines me serviraient à faire mon deuil de ce deuxième bébé, croyais-je. Voire d'un bébé tout court? Je ne savais pas si mon corps accueillerait de nouveau la vie. J'avais tant de plaies à panser encore. Et puis, Pierre ne voudrait peut-être plus entendre parler d'agrandir la famille? À moins que ce ne soit moi qui fasse tout foirer? J'étais mal barrée. Ce congé débutait par bien trop de questions pour être reposant.

En plus, j'avais ordre de mon chirurgien de ne pas retomber enceinte avant douze mois pour une cicatrisation optimale de ma césarienne. Douze mois. Une année entière. Du temps que je ne voulais plus gâcher. Ça m'emmerdait tout ça.

— Je vais être bonne pour la casse, Charlotte! Je te jure, ça me rend dingue de devoir attendre. Toujours attendre… Attendre quoi au juste? Le fait que ce soit interdit me donne encore plus envie d'un autre bébé.

L'alcool me montait vite à la tête après six mois sans boire une goutte. Je déballais ma vie, en parlant assez fort pour être entendue par la moitié du bar. Je m'étais octroyée une soirée filles. Je revoyais ma pote Charlotte. Elle savait se montrer compréhensive. Elle me redécouvrait moins vive, plus à cran. Jamais, elle ne me fit la moindre remarque.

C'était ça, la belle amitié. Accepter la folie de l'autre, parfois. J'étais, à l'évidence, encore traumatisée par le drame que je venais de vivre. Je faisais une montagne de tout, je ne supportais plus de voir ma vie stagner. Je ne voulais plus entendre parler de sacrifice. Il me fallait du changement. Du mouvement. Charlotte me regardait avec toute son attention.

Comme lors d'une rupture amoureuse, j'aurais pu changer de couleur de cheveux ou trouver du réconfort en m'offrant des chaussures hors de prix. Je préférais me soûler. Inonder mon amie de propos que je regretterais le lendemain. J'hurlais mon impatience. Le surplace dans mon couple, dans mon quotidien, je saturais. Je n'en pouvais plus des conseils de psys, de docteurs. Avec eux, la solution à tout était de laisser passer des saisons. Mais bordel, six mois à pisser le sang allongée sur un lit d'hôpital, tout ça pour engendrer la mort, et je devais encore me montrer patiente ? Calme ? Mesurée ?

Le jour où tout a basculé, je l'ai ressenti au fond de moi. Je n'avais pas le manuel pour savoir comment réagir en salle de réveil. Mais je l'ai senti cet appel… Je n'ai rien dit car je ne voulais pas brusquer Pierre. J'ai perçu que mon corps me réclamait un nouvel enfant. Vite. Soigner le mal par le mal.

Ne pas attendre de nouveaux regrets.

Pourtant, je l'ai détestée cette deuxième grossesse. De son début à sa fin. J'avais morflé plus qu'il est possible de le souhaiter à sa pire ennemie. Il n'y a rien de plus cruel que de sortir de soi un être sans vie ou condamné… J'aurai mille fois préféré endurer des heures de contractions sans péridurale. Qu'on m'ouvre le bide sans anesthésie. Tout sauf repartir de l'hôpital bredouille.

Mais l'idée d'une petite fille avait germé dans ma tête. J'avais l'obsédante volonté de conjurer le sort. Je la voulais auprès de moi cette petite chieuse ou cette princesse, selon, qui ne me ferait plus me sentir en infériorité numérique à la maison. D'un coup, je ne serais plus la seule à baisser la lunette des toilettes. Le bonheur.

J'avais envie d'un autre bébé pour m'assurer que la courte existence de ma guerrière n'aurait pas servi à rien. Qu'elle m'avait animée d'une intense pulsion de vie.

— Tu t'emballes, Emma, je sais que c'est chiant d'attendre mais un deuil ne se fait pas en un claquement de doigts… Laisse-toi du temps, vraiment. Je ne dis pas ça pour t'énerver. Dis-toi que c'est pour ton bien tout ce qu'on te rabâche… Tu ne seras plus la même dans un an. Tu ne réagiras plus pareil. Mais sinon, à la maison, ça va ? Vous vous serrez toujours les coudes avec Pierre ?

— Non, je crois qu'il veut me quitter.

Ne me quitte pas

Fin mars 2023

J'en étais à bientôt six mois post-césarienne. Autant de longues semaines où j'avais trouvé le moyen de battre des records d'engueulade avec Pierre. L'arrivée d'un enfant a toujours un impact sur le couple. Il est facile d'imaginer le foutoir que met l'arrivée d'un bébé mort.

Après le drame, nous étions devenus experts dans l'art de nous déchirer autant que nous nous aimions. Juste après avoir couché Crapaud, je m'empiffrais pour calmer mes nerfs. Pierre, lui, s'enfuyait à la salle de sport. Casser de la vaisselle n'était plus notre truc. Lorsqu'il s'agissait de se faire mal nous tapions fort. À coups de réflexions mesquines, blessantes. En face ou par textos. Celles qui percutent la poitrine. Et de telles attaques, sur deux cœurs fracassés, ne donnaient rien de bon.

Je me revoyais dire à Charlotte que Pierre voulait me quitter lors de nos soirées entre filles juste après ma sortie de l'hôpital. Je le sentais s'éloigner. Moi aussi. Mais jamais, pas une seule minute, je ne m'imaginais qu'il passerait à l'acte.

Ni lui, ni moi ne devions, logiquement, briser notre couple pour des broutilles. S'engueuler après ce genre de perte était normal, non ? Sur qui d'autre se défouler ?

Sur qui déverser son chagrin si ce n'est sur celui censé être notre moitié ? Notre roc ? En plus d'être mon mec, le père de mes enfants, Pierre faisait aussi office de meilleur ami. Mon seul au masculin.

Ce jour de mars 2023 – je ne me souviens même plus lequel exactement, tellement j'étais sonnée –, il m'a annoncé vouloir faire une pause. Une pause ! Un break. Mais on était où là ? Dans un épisode de *Friends* ? Nous nous prenions pour Ross et Rachel maintenant ? C'était quoi ces conneries encore ? Depuis quand faisait-on des pauses dans un couple solide ? OK, ce n'était pas la joie en ce moment, mais une pause ? Sérieusement. Tout le monde sait que ce concept n'existe pas au-delà de l'adolescence. Il n'y a pas une pause qui ne soit pas une rupture cachée.

Il voulait me quitter. Partir. J'allais me retrouver privée de mon amant et d'un précieux confident.

— Emma, je ne peux plus continuer comme ça. Toi et moi, ça ne marche plus, on ne se comprend plus… Je vais aller chez un ami ou prendre un appartement quelques mois pour nous laisser le temps de réfléchir. On gardera Crapaud à tour de rôle. Ça te va ?

Comment ça, si ça me va ? pestais-je intérieurement. Je ne savais plus quoi dire. Une idiote sans la moindre repartie. Tout cela était si surréaliste. Pierre venait de prononcer l'inimaginable. Il avait tranché. Il voulait bien une séparation. Qu'il aille se faire voir avec son break ! C'était ainsi, en tout cas, que je l'entendais.

Entre deux accrochages, Pierre avait baissé les bras. C'en était fini de nous deux, de notre trio familial. Nous pouvions bien faire ce que nous voulions chacun de notre côté, cela ne lui importait plus. Il me laissait seule.

Il m'avait promis pourtant de ne jamais le faire.

Pierre me décevait terriblement. S'était-il trouvé une épaule pour se consoler ? L'une de ses collègues de boulot ? Dans le lycée où il enseignait les arts appliqués c'était facile, la population était presque exclusivement féminine. Cette triche. Si l'une d'elles avait profité de l'ambiance explosive à la maison. Il n'était pas difficile de paraître plus douce ou compréhensive que moi en ce moment...

Trouver une coupable rendait la pilule moins dure à avaler. Je savais bien, dans le fond, que Pierre et moi étions les seuls adultes réellement en tort. Le pire dans l'affaire : nous étions en train de trahir Crapaud. Ces promesses que nous lui avions faites. Lorsque nous lui assurions que papa et maman resteraient ensemble pour la vie... Du vent !

Pendant des années, nous avions paradé face à nos couples d'amis qui se séparaient. Pas de quoi se vanter d'être un binôme hyper-soudé pour terminer comme tous les autres ! Finir par s'abandonner avec des excuses à la noix.

Nous l'avions peut-être méritée, toute cette tristesse. Notre guerrière avait-elle senti que nous ne serions pas assez unis pour endurer sa venue ? Elle se serait peut-être davantage battue pour vivre si nous avions été moins cons.

— Arrête tes bêtises, Emma, tu vas finir par te rendre dingue et être en retard !

Je me parlais toute seule à haute voix. Face à mon miroir. Le début de la fin... Je tentais de me reprendre en songeant aux derniers conseils téléphoniques de Charlotte :

— Soit tu adoptes des chats et tu plonges à fond dans les clichés de la vieille fille aigrie. Soit tu ravales ta fierté et tu commences à profiter de ton célibat !

Pour l'option une, c'était mort. J'étais allergique aux chats. L'option deux me tordait le bide mais je n'allais pas végéter en attendant un hypothétique retour de Pierre après son histoire de break.

Je jetais un dernier coup d'œil dans le miroir de mon entrée avant de partir à mon rendez-vous. J'avais accepté de rencontrer un autre homme, deux semaines après m'être fait plaquer par Pierre. L'idée d'aller à ce rencard n'était pas la mienne. Celle de Charlotte plutôt. Je reculai de quelques pas pour me regarder entièrement. Je ne pouvais pas quitter la maison avec pareille dégaine ! Voilà une bonne raison de tout annuler. Je décidai pourtant de remonter dans ma chambre me changer. Depuis le départ de Pierre, je n'avais plus de souci de place dans notre dressing. Je pouvais entasser mes fringues un peu partout sans me soucier des zones attribuées à chacun, ni du bazar. Tout m'appartenait à présent. Tant d'espace à remplir... Avec quoi au juste ? Je n'avais absolument rien à me mettre.

Je ne rentrais plus dans aucun vêtement. J'étais saucissonnée. Même presque six mois après ma césarienne d'urgence, mon corps restait rondouillard. C'était comme si j'avais pris cent kilos. Et que j'en avais perdu dix... à peine. Je ne reconnaissais plus mes formes. Rien d'harmonieux. Je traînais des enclumes d'idées noires en me regardant.

J'avais toujours entendu qu'il fallait neuf mois pour façonner un bébé en bonne santé. Que le corps prenait ensuite neuf mois supplémentaires pour s'en remettre et retrouver sa forme initiale. Qu'en était-il pour les femmes dont la grossesse s'arrêtait avant ? Celles qui en ont bavé sans finir par donner la vie ? Les femmes peuvent-elles réellement guérir de voir leur corps échouer à une tâche si essentielle ? Peuvent-elles vraiment lui pardonner un jour ?

Le mien, de corps, je le sondais dorénavant avec hostilité. Je détestais les traîtres. Il n'avait pas assuré et aujourd'hui, il osait rester gonflé tel un ballon d'hélium narguant les enfants des parcs. Il ne me facilitait pas la chute. J'avais encore du ventre, semblable à une femme en début de grossesse, j'avais des bourrelets disgracieux partout, dans le dos, en dessous du soutien-gorge. Je pouvais les attraper à pleines mains.

Mes anciens vêtements ne me convenaient plus et je ne débordais pas d'enthousiasme à l'idée d'une session shopping. Les cabines d'essayage des boutiques, lumières crues et miroirs déformants, avaient déjà été un supplice après Crapaud. Je ne m'infligerais pas cela après cette deuxième grossesse. Ratée, qui plus est. Les pulls et robes à coupes amples m'iraient parfaitement. Les pantalons à taille élastique, aussi. Les jeans larges façon baggy de ma jeunesse redeviendraient mes nouvelles pièces favorites.

Je rageais encore d'avoir été quittée de la sorte. Pierre me manquait. Du jour au lendemain. Pierre me manquait. Notre couple d'avant. Nous étions beaux, amoureux, complices. Comment pouvait-il être parti si vite ? Depuis qu'il me l'avait annoncé, je n'avais plus aucune nouvelle. Aucun contact, à part pour discuter de Crapaud. Quelques SMS pour se dire nos jours de garde. En plus de perdre mon couple, je perdais mon rôle de mère. Bon sang, que je détestais être dépouillée de ce pan de mon identité plusieurs fois par semaine! Crapaud était mon rayon de soleil. Mon mini-double. Ma stabilité. Pierre avait tout démoli avec son histoire de pause. Cette garde partagée de Crapaud, *a priori* sans guerre ouverte, me restait en travers de la gorge; je n'avais pas acquiescé d'être maman à mi-temps, Pierre me l'imposait. Il me manquait autant que je le détestais d'emmener mon fils loin de moi. Je faisais bonne figure devant notre enfant. Nous règlerions la situation plus tard, je ne pourrais pas vivre éternellement ainsi.

En attendant, je n'étais toujours pas prête à sortir de chez moi et la voix de la modeuse Cristina Córdula résonnait dans ma tête. *Ma chérie, mais touuu n'es pas magnifaïïïique du touuuut là, c'est quoi ce look horrrrible!* Je pouvais presque l'imaginer en face de moi. Regard de haut en bas. Grimace face au miroir. Tant pis pour ma note de *fashionista*.

Je sortirais à mon aise ce soir, c'était décidé. Mon parfait inconnu aimerait ou pas. Je choisis un pull noir orné de paillettes, un jean Levi's, assez grand pour ne pas me cisailler, et une paire de talons afin de réhausser ma confiance en moi. J'ajoutai une touche de rouge sur mes lèvres. Inutile de recroiser le miroir avant de claquer la porte de la maison.

Je devais réapprendre à m'aimer peu importe ce fichu reflet. Je sautais le pas. Que Pierre aille se faire voir avec sa rupture déguisée en pause! En route pour ce rendez-vous à l'aveugle organisé par Charlotte.

Je me jetais dans le vide, en quête de sensations.

Le premier rendez-vous

— Tu veux qu'on commande à boire d'abord ?

Mon *date* de ce soir semblait prendre les devants.

— Je veux bien, oui ! Ça va me détendre.

J'osais prendre la parole mais à chacun de mes mots je me demandais si je ne faisais pas mal. Plus de dix ans que je n'avais pas eu de rencard. Et s'il interprétait de travers ce que je disais ? *Ça va me détendre*, c'est une invitation à sauter dans mon lit, ça, non ? Pourquoi avais-je sorti ça ? Putain, mais quelle cruche ! Qu'est-ce qui clochait chez moi ? Qu'est-ce que je foutais là de toute façon ? Encore un plan de Charlotte. Toujours dans les mauvais coups, celle-là. Je ne me laisserais plus convaincre de sortir avec un homme jamais vu auparavant. Je ne lui avais même jamais parlé.

Charlotte m'avait arrangé ce rendez-vous au restaurant avec un certain Samuel dans mon dos. Elle connaissait mes goûts, les avait vus évoluer avec les années. Depuis notre rencontre au collège, avec Charlotte, nous avions eu notre lot de coups de cœur, de coups d'un soir, de coups de top et de flop. Quand Pierre était parti de la maison, elle m'avait piqué mon téléphone pour y installer une application de rencontres. Moi, ces nouveaux modes de *dating*, j'avais toujours suivi ça de loin. *Via* les copines, les collègues. J'avais déjà swipé à gauche, à droite, pour les autres. Jamais pour ma pomme. Et ça, pour Charlotte, c'était inadmissible.

En 2023, je me mettrais aux rencontres connectées pour oublier d'avoir été plaquée. Elle m'avait organisé mon premier tête-à-tête avec ce Samuel, trouvé sur mon téléphone. Elle lui avait causé en se faisant passer pour moi. Le meilleur des pansements selon mon amie.

Une fois assise face à cet homme dont je ne connaissais rien à part le prénom, je n'étais vraiment plus convaincue de la blague. J'aurais pu être tranquillement sous un plaid devant ma télé, Crapaud était avec son père, c'était le jour de garde de Pierre… Pourquoi tenter de m'intéresser à un type alors que les hommes me répugnaient ? Et si ce Samuel, qui n'était pas trop mal physiquement, je le concédais, me sautait dessus pour me rouler un patin ? Me laisserais-je embrasser ? Une pause, c'était une rupture, n'y avait-il aucun doute ?

Sur le papier, ce mystérieux Samuel avait tout pour me plaire. Je comprenais les raisons de l'emballement de mon amie Charlotte. Brun, la fin de trentaine, les yeux clairs, une barbe de trois jours, jean noir et chemise à carreaux ouverte sur un t-shirt du groupe Deftones. Un style travaillé mais pas trop. Samuel était l'archétype du Parisien vivant dans le Xe arrondissement de la capitale. Pierre aussi était ce genre de beaux garçons qui s'habillent en ados tout en affichant l'assurance d'hommes. Pierre était également un grand admirateur de Deftones.

Il fallait que j'arrête là les comparaisons.

— Pour moi, c'est la première fois. Je veux dire… que je rencontre quelqu'un d'une application en vrai. Et toi ?

J'avais l'air d'une extraterrestre. Du moins, c'était l'impression que j'eus face au regard médusé de Samuel.

L'application tournait à plein régime pour lui, je découvris rapidement que je n'étais pas sa seule cible. Au gré de nos échanges, je commençais à piger les règles de ce jeu de chaises musicales pour célibataires consentants. Pour ce qui était du romantisme, je repasserais. Je pensai au chemin fait depuis ma banlieue jusqu'au métro Goncourt. Quitte à m'être bougée les fesses jusqu'à ce restaurant italien autant rester un peu. Charlotte avait par ailleurs bien choisi l'endroit : les Spritz étaient servis généreusement, de grosses olives et de délicieux biscuits salés *Taralli* me rappelaient Naples… Samuel avait la discussion facile. Je pouvais assouvir ma curiosité ; lui poser toutes mes questions sur ces nouvelles méthodes de séduction, ces contrats à durée très déterminée. Je n'adhérais pas à cette ferveur du *tout consommer, tout de suite*. Je pouvais en avoir l'âge mais pas forcément l'envie. J'aimais encore être courtisée. Le désir se joue sur plusieurs rendez-vous, j'y croyais encore. Samuel ne comprenait pas que les femmes préfèrent se taire si tout était gagné d'avance. Nous échangions nos points de vue. C'était distrayant.

Charlotte avait raison, je passais plutôt une bonne soirée.

Moi qui expliquais à un inconnu l'intérêt de quelques tours de chauffe. D'un peu de piment. C'était du jamais-vu ! Mais ce rendez-vous avec Samuel ne manqua pas de faire resurgir certains souvenirs avec Pierre. Je me rappelais les détails de notre première sortie. Nous nous étions rencontrés chez des amis, nous avions la vingtaine à peine entamée. Nous étions fauchés, avec de l'acné au visage. Pas question à l'époque de se retrouver dans un restaurant à la mode.

Pour faire connaissance, des mauvaises bières dans un bar de Ménilmontant, au son des morceaux d'obscurs groupes de rock, faisaient l'affaire. L'ambiance était moins balisée, moins à la frime. Avec Pierre, il nous était impossible de causer carrière, enfants ou voyages à l'autre bout du monde. Nous étions trop jeunes, nous n'avions ou ne faisions encore rien de tout cela. C'était détaché, sans préméditation.

Nous nous dévoilions simplement, entre deux anecdotes et drôles de questions. Pierre avait toujours d'amusantes théories. J'adorais ça. Aujourd'hui… il faut savoir se vendre vite et bien. Un peu comme lors d'un entretien d'embauche. Nous n'étions rien de tout cela. Aujourd'hui… il faudrait être la redoutable arme marketing de sa vie sentimentale et sexuelle. Avec Pierre, à l'époque, nous étions pour un monde sans bataille.

Lors de ma première virée avec lui, l'une de ses réactions m'avait fait craquer. Je devais avoir un petit coup dans le nez lorsque je lui exposais mon amour pour les hippocampes. Une si petite espèce au génie incompris. Jamais personne ne peut espérer augmenter son sex-appeal en parlant pêche et marée… et pourtant. Sans tricher, je racontais ma fascination pour ces poissons sous-cotés. Et Pierre, jamais, n'avait prétexté se rendre aux toilettes pour déguerpir. Au contraire, qu'un mâle puisse avoir l'opportunité de donner naissance à des centaines de petits l'avait fasciné. Du Pierre, tout craché :

— Ils ont tout compris ! Ils font vraiment équipe et se partagent le job… Qu'est-ce que ça doit être frustrant pour un homme de ne pas prendre part physiquement à une grossesse ou à un accouchement.

Devenir père était déjà un sujet pour lui, je le sentais. *Jamais cet homme ne voudrait être simple spectateur si dans quelques années je tombais enceinte de lui*, me disais-je ce soir-là.

Ainsi, mon premier rendez-vous avec Pierre fut une réussite grâce aux hippocampes. Ce n'était pas le summum du glamour mais pas pire que ceux qui se trouvent des atomes crochus avec l'astrologie. Pierre et moi avions nos originalités, nous l'assumions. Nous habitions chacun dans des studios parisiens de moins de vingt mètres carrés, meublés, avec moisissures incluses dans le loyer et voisin saxophoniste en option. Pas très propice à la séduction. Alors, nous nous embrassâmes pour la première fois dehors. Sous une pluie de flocons, début décembre. Sous une magnifique pleine lune des neiges… en nous promenant sur l'un des nombreux ponts de Paris. Comme dans une comédie romantique.

Nous ne nous étions plus jamais quittés après ce baiser. Nous étions en couple depuis environ six mois lorsque Pierre me proposa de prendre un appartement ensemble tout en me lâchant son premier *je t'aime*. Six mois. Exactement le temps qu'il lui aura fallu, une dizaine d'années et deux enfants plus tard, pour me pigeonner avec son concept de pause et me rayer de sa vie.

Vivre, pour le meilleur

Au lendemain de mon *date* avec Samuel, Charlotte organisa une réunion de crise dans son bar préféré : juste au pied de son immeuble. À cinq cents mètres de ma petite maison de banlieue. Longtemps, Charlotte avait refusé de passer le périphérique. Cela faisait toujours grincer des dents les Parisiens pure souche de s'extraire de leur cage dorée. C'était un grand pas de devenir banlieusarde pour Charlotte… Mais, avec l'âge, les chambres de bonnes, même dans les meilleurs quartiers, ne la faisaient plus rêver. Elle avait désormais trois fois plus grand pour le même tarif qu'à Paris. Pour cela, elle avait juste accepté de doubler ses temps de transports. Avec l'âge, certains calculs nous paraissent plus avantageux.

De surcroît, je n'avais toujours pas récupéré Crapaud. J'avais donc tout le loisir de sortir de ma caverne. Aucune excuse valable pour ne pas rejoindre Charlotte et mes amies, Louise et Mona, à ce débrief tant attendu. D'autant que j'étais la seule personne à savoir comment s'était finie la soirée…

Ce soir-là, je fis exprès d'arriver en retard dans ce bar à côté de chez moi. J'imaginais déjà ma copine Louise s'illusionner sur une fin de *date* en apothéose !

Louise avait été l'une de mes toutes premières collègues journalistes. Lorsque j'avais commencé ma carrière, après des mois de piges mal payées, j'avais dégoté le Graal : un poste fixe dans la rédaction d'un magazine people. Et elle était ma voisine de bureau… Une jeune gratte-papier, comme moi, qui n'en avait strictement rien à fiche des histoires de culottes de telle star ou de tromperie de telle autre. Écrire, pour nous, était une passion et ces papiers racoleurs remplissaient nos frigidaires.

Mais l'ambiance de ce genre de rédaction, très scandale, ragot et cabotinage, s'était révélée invivable. Et avait fini de nous souder. Au bout de quelques mois, Louise et moi étions devenues proches. Ensemble, nous imaginions que le meilleur nous attendait, lorsque nous avons démissionné.

Avec Louise, nous n'avions plus jamais été voisines de bureau. Elle s'était spécialisée dans l'écriture d'articles société et faits divers, quand moi j'avais visé les rubriques culture des magazines. Mais notre amitié avait traversé les années en dehors des rédactions. Louise était aujourd'hui divorcée, mère d'un petit garçon également, et sa vie sentimentale côtoyait le néant. Elle affichait une curiosité déconcertante pour les tueurs en série américains et vivait sa vie de femme par procuration. Mon rendez-vous avec Samuel l'avait bien plus excitée qu'il n'aurait dû. Louise fantasmait déjà une nuit digne du grand écran. Avec feu d'artifice, orgasmes à gogo et une note, façon message codé, laissée sur l'oreiller par Samuel au petit matin…

— Et non, Louise. Au risque de te décevoir, Samuel n'était pas un agent secret qui voulait s'envoyer en l'air une dernière fois avant une mission périlleuse !

À peine avais-je enlevé ma veste et commandé un verre au serveur qu'elles me suppliaient, chacune parlant par-dessus l'autre, de mettre un terme à leurs affabulations.

Ce joyeux bordel m'avait manqué.

Ces nanas m'avaient manqué.

— Bon, ma belle, si tu veux garder pour toi les détails de cette fin de *date*, on le comprend.

Charlotte jouait le bluff, elle n'avait pas du tout envie que je garde le silence et poursuivit :

— Mais si tu n'oses pas nous faire confiance sur ce coup, je le prends un peu mal... D'autant que c'est moi qui t'ai arrangé ce rencard ! Allez, on est des tombes, on ne dira rien à Pierre si jamais on le recroise... Lâche le morceau, Emma !

C'était marrant de voir à quel point elles s'étaient toutes imaginé des choses extraordinaires. Elles ne m'en parlaient pas directement mais elles crevaient d'envie que je refasse des bêtises. Que je revive passionnément. Que j'oublie mes blessures.

Mon amie Mona, qui s'était montrée étonnamment discrète depuis le début de cette réunion, prit la parole en levant son verre dans notre direction :

— Ouais, Emma, tu fais comme tu le sens. On te soutient dans tous les cas.

Mona enchaîna, comme pour ne pas faire machine arrière :

— Moi, ce soir, je voulais vous annoncer une grande nouvelle... Je sais que je ne suis pas censée être le sujet de ce débrief mais ça y est, j'en suis sûre... j'ai trouvé mon double !

Mona ne faisait jamais dans la demi-mesure. Pourtant, elle composait la moitié d'un duo avec son frère jumeau,

Marc, parti bâtir son avenir au Canada. S'ils se parlaient tous les jours *via* WhatsApp, Mona n'avait de cesse de multiplier les rencontres pour combler le vide laissé par le départ de son frangin. En plein confinement, Mona s'était moquée des restrictions et sa traque d'âme sœur lui avait parfois offert plusieurs rencards dans la même journée. S'il avait fallu élire une Reine de l'anti-immobilisme, ça aurait été elle. La positive-attitude n'a pas attendu la chanteuse Lorie pour exister. Mona l'a inventée ! Convaincue de posséder un autre double, quelque part dans les rues de Paris, Mona avait toujours suivi son instinct. Et visiblement, elle avait eu raison d'y croire :

— Elle s'appelle Estelle, elle a monté comme moi sa propre boîte dans le bien-être, le développement personnel… Elle est hyper-équilibrée comme meuf et, je crois que c'est mon type. Enfin, non, je ne le crois pas. J'en suis sûre ! J'ai flashé… Les filles, elle m'a fait oublier les mecs, j'vous jure. Elle me rend heureuse au point qu'on discute déjà d'emménager ensemble.

Pour une nouvelle, c'était une énorme nouvelle.

Nous savions toutes que Mona avait ouvert son profil sur les applis de rencontres aux hommes et aux femmes. Elle cherchait l'amour, pas un sexe. Mais, elle n'avait jamais franchi le cap d'inviter une femme à l'un de ses rendez-vous. Il fallait croire qu'elle attendait la bonne. Et je ne l'avais jamais vue aussi radieuse. Certes, elle s'enflammait un peu vite, c'était du Mona tout craché, mais c'était certainement elle qui avait raison.

À quoi bon se protéger ?

La vie nous rouait de coups, qu'on soit prudent ou non.

Après cette courageuse prise de parole de mon amie, je trouvais le moment idéal pour faire plaisir à la bande. J'allais donner aux filles pleine satisfaction. Elles m'avaient bien trop manqué. Je ne pouvais pas les faire mariner plus longtemps :

— Bon… Déjà, je voulais vous répéter à quel point je vous aime. Je vous kiffe vraiment. Mona, tu as toute ma bénédiction pour ta nouvelle *love story* et j'espère bien être témoin à ton futur mariage !

Je lui adressai un sourire franc avant de continuer.

— Louise et Charlotte, vous savez aussi toute l'aide que vous m'apportez et, sans vous, je serais peut-être encore en train d'écrire des messages désespérés, bourrée, à Pierre. Le suppliant de revenir, de ne pas me quitter…

— Au lieu de ça, tu as Tinder maintenant ! s'amuse Charlotte.

— Justement ! J'ai supprimé l'appli, désolée, ma Cha' ! Cette expérience était rafraîchissante mais pas assez modeste à mon goût…

Je leur racontai ensuite comment, malgré toute ma bonne volonté et mon intérêt pour ces nouvelles tendances de *dating*, je n'avais pas réussi à me lier à ce Samuel. La perte de mon bébé, ces six mois d'enfer que je venais de vivre… Je n'avais plus de temps à perdre, nous étions bien d'accord là-dessus… mais je ne pouvais pas en consacrer aux mauvaises pioches ! Je leur expliquai avoir écouté Samuel déblatérer son discours bien rodé. Ce bel homme connaissait ses meilleurs atouts.

Il n'avait pas manqué de m'exposer sa réussite professionnelle dans une start-up, son salaire à cinq chiffres, les fêtes de *malade* organisées à l'improviste chez lui, sa vie sociale foisonnante, son acquisition d'une moto… Qu'est-ce qu'il était beau, ça, j'en convenais ! Mais plus il parlait plus je souhaitais qu'il ferme sa bouche !

Devant les yeux amusés des filles, je poursuivais mon récit de la soirée. Raisonnablement, je n'étais pas repartie avec lui. Au bout d'un certain temps, je n'avais pas pu m'empêcher de me lever d'un bond de ma chaise, interrompant son monologue… et de lui jeter les glaçons à peine fondus de mon Spritz à la gueule. J'avais voulu refroidir son ego. Je ne savais pas ce qui m'avait pris. Je l'avais pourtant trouvé sympathique au début. Cette fin de *date* fit rire aux éclats mes copines. Elles n'en revenaient pas. Moi non plus. J'avais quitté la table, la démarche triomphante, laissant ce pauvre Samuel mouillé et seul. J'étais partie sans me retourner.

Je racontai à mes amies que ce *date* m'avait permis l'acte le plus libérateur qui soit. En fait… merci Charlotte !

Ce Samuel avait pris pour tous mes maux. Tant pis pour lui. Cela lui ferait une autre histoire de *dingue* à raconter à ses potes. L'histoire de la fille fêlée, venant de perdre son bébé, larguée par son mec et qui lui a lancé son verre au visage… Je félicitai le pif légendaire de Charlotte qui m'avait offert ce moment de gloire. Le genre d'instant où, dans une vie de femme, plus rien ne paraît impossible. OK, je m'en voulais d'avoir humilié mon rencard mais je m'étais sentie si puissante… C'était grisant, bien mieux qu'une bonne baise. J'avais repris des forces pour des semaines en quittant ce restaurant sans lui jeter un regard.

Et, aujourd'hui plus qu'hier, ma confiance reboostée, je savais que je regoûterais au bonheur. Je savais mon âme brisée en plein processus de réparation. Je savais mon cœur en attente de battre, de vivre à nouveau, mais plus à n'importe quel prix.

Texto

Fin avril 2023

Il y a un an tout pile, je fêtais mes trente-six printemps sans me douter du cataclysme qui m'attendait.

Il y a un an tout pile, je dévoilais à Pierre mon désir d'un deuxième bébé.

Il y a un an tout pile, je n'étais moi-même qu'une enfant.

À deux jours de mon trente-septième anniversaire, j'étais désormais sans nouvelle de cette fille désinvolte que j'avais été. Entre-temps, et cela commençait à se savoir, je m'étais pris un autobus. Il m'avait fracassée, c'était un fait, mais il n'avait pas réussi à m'enterrer. Et c'était sur les ruines de ma vie d'avant, avec un nouveau moteur vrombissant en moi et une profonde rage, qu'il me fallait aujourd'hui réapprendre à marcher.

À retrouver ma route.

*

Deux mois que mon congé maternité avait pris fin. Je reprenais le travail non sans mal. Les bureaux de la rédaction où j'étais employée me paraissaient moins familiers après le drame. Je n'avais rien perdu de mes capacités mais faisais-je toujours aussi bien mon job ? La productivité, je m'en moquais désormais royalement. Je ne parvenais plus à faire semblant. Ma vision des choses avait changé. Mes priorités. Je tiquais sur des demandes abusives de mes supérieurs, sur des remarques dont je me serais foutue avant. Je n'acceptais plus de me laisser traiter comme une merde, c'était peut-être là le changement qui s'opérait.

Ce mercredi 26 avril 2023, à deux jours de mon anniversaire, je partis du bureau en début d'après-midi pour une interview. Je n'étais pas particulièrement excitée à l'idée d'aller mitrailler de questions une star du grand écran pour son rôle dans un super film, calibré et mièvre... mais il le fallait! Jouer le jeu de la promotion faisait partie du métier. Notre magazine avait besoin de glamour pour attirer des lecteurs, et le long-métrage en question souhaitait un maximum de bruit dans la presse pour booster ses entrées. Donnant-donnant. Et, par ailleurs, j'avais toujours besoin d'une paie à la fin du mois. Pierre m'aidait peu financièrement depuis qu'il avait quitté le navire. Je devais donc me plier aux obligations de mon contrat, même si elles me paraissaient vides de sens.

Dans la ligne 1 du métro parisien – la jaune, ma préférée car automatisée et peu en retard –, je pris la direction des Champs-Élysées. Les interviews se déroulaient presque toujours dans des quartiers huppés. Sur le chemin de mon rendez-vous, je compris que ma matinée à la rédaction m'avait crispée. Je n'aimais pas me dire que la plupart de mes collègues me regardaient à présent en pensant au décès de mon bébé. *Oh, la pauvre, elle est à fleur de peau ça se sent, ses réactions sont trop bizarres depuis qu'elle est revenue, elle a le regard triste, non?* J'étais persuadée qu'ils parlaient de moi ainsi. Je ne pouvais que supposer leur malaise face à moi puisque personne ne venait m'adresser la parole... à part ma consœur, Julie.

Lorsque ce type de drame nous touche, on devient une sorte de pestiférée. Je ne m'attendais pas à une *ola* en revenant au bureau après avoir perdu ma fille… juste à un minimum de bienveillance. Cela faisait des années que je travaillais dans cette rédaction et, aujourd'hui, je ne m'y sentais plus à ma place.

Dans la poche de ma veste, je sentis mon portable vibrer par deux fois. De quoi me sortir de ma réflexion et me ramener en pleine rame bondée du métro. Je venais de recevoir deux textos :

Tu ne vas jamais le croire. Je viens de croiser Pierre avec une fille dans le bus. Ils ne m'ont pas vue mais ils avaient l'air sacrément proches. Le salaud ! Bises, Mona.

Poulette, je viens d'avoir le service courrier du boulot au téléphone. Ils ont un gros colis pour toi. Ça vient d'un lecteur… Tu as un fan ! Je te le récupère et le garde à mon bureau pour demain. Bonne interview ! Julie.

J'enfouis le texto de Mona dans un coin de ma tête. *Pas tout de suite*, me dis-je. Je n'avais pas le temps de m'énerver en pensant à Pierre. Je me concentrai sur le message de ma collègue Julie au sujet d'un colis. J'avais déjà reçu mon lot de courriers des lecteurs ; des lettres de mécontentement, concernant certains articles signés de mon nom, ou des mots touchants. Par exemple, il y avait cette dame qui, chaque fin d'année, prenait sa plume pour nous souhaiter de joyeuses fêtes. Cela me faisait autant plaisir que ça m'attristait. Elle devait se sentir bien seule pour écrire à un journal. Il y avait aussi les courriers libidineux adressés aux journalistes femmes. Mais recevoir un paquet, c'était une première. Que pouvait-il contenir ? De qui provenait-il ? J'avais une raison de retourner au bureau demain. Cet intriguant envoi me maintiendrait à flot un jour de plus.

Une fois arrivée à l'hôtel Bristol pour mon interview, je rejoignis une chambre transformée en plateau d'enregistrement pour l'après-midi. Je n'étais pas le seul média français convié à rencontrer la star. Chacun disposait d'un créneau d'une vingtaine de minutes avec elle. Dans ce palace où j'attendais mon tour, un thé vert servi dans une tasse en porcelaine anglaise à la main, je repensais à ma chance de fréquenter de si beaux lieux. Moi, la Jeff Tuche au milieu des petits-bourgeois.

Petite, je n'avais jamais été poussée à viser des professions intellectuelles, plutôt à jouer la sécurité. Je devais choisir mon futur métier en fonction de deux critères : gagner assez d'argent pour vivre et ne pas viser trop haut. Je ne savais pas vraiment ce que signifiait ce second critère aux yeux de mes parents, mais je ne l'avais jamais bien pris. Malgré l'habitude de me rendre, adulte, dans ces établissements étoilés pour interroger des artistes, je n'étais jamais parvenue à me débarrasser d'un sentiment d'imposture.

J'étais moins fière que la moyenne des journalistes. Certainement plus stupide. J'étais celle à qui l'on faisait poser les questions les plus intimes, juste parce que le courant passait bien. J'étais une de ces voix qui venait du peuple, pas d'une école de la vie façon Léa Seydoux. J'avais toujours refusé de mettre trop de distance avec les personnes rencontrées. Naturellement, je laissais fuiter mes propres casseroles avant de collecter celles des autres. Question d'équité. J'avais peut-être trop de principes pour réussir à grimper haut. Erreur, d'autant plus que maintenant j'étais brisée par ma grossesse. Je marchais de traviole. Mais je le cachais bien.

Juste avant mon entrée en scène, mon téléphone vibra à nouveau. Une notification Instagram. J'étais prête à prendre la place du journaliste devant moi quand je regardai furtivement l'écran dans ma poche. Un certain Luc.B85 likait quasiment toutes mes photos d'un coup. Et des vieilles d'il y a plusieurs années. Non mais qui faisait ça ? Qui remontait aussi loin dans les publications des gens pour tout aimer ? C'était qui ce pervers ? À moins que ce ne soit un robot ? Un faux compte ? Ce pseudonyme, Luc.B85, ne m'était pas étranger mais impossible de me souvenir…

Il venait de me laisser un message privé : *Salut Emma, ça fait un sacré bail ! Et comme tu peux le voir…* Pour lire la fin du message je devais ouvrir l'application et je n'avais plus une minute.

Mon interview avec Hugh Grant commençait.

Écris l'histoire

Hugh Grant était là pour enchaîner un maximum d'entrevues en un minimum de temps. Son agent pestait déjà en me voyant immobile sur le pas de la porte. Je rangeai mon portable vibrant encore dans ma main et m'empressai de serrer celle des deux hommes avant de m'asseoir dans un fauteuil beige. L'acteur, lui, était assis sur un canapé de la même couleur. Allez savoir pourquoi les riches adorent le beige.

L'odeur de tabac froid qui flottait dans la pièce me prit à la gorge. Je me revois éternuer bruyamment face au comédien. Quand on sait les tendances à l'hypocondrie de certaines célébrités depuis la pandémie, je ne pouvais imaginer pire entrée en matière. Chaussé de mocassins en daim, vêtu d'une chemise à col ouvert et manches retroussées comme s'il se préparait à combattre, Hugh Grant me dévisageait. Allait-il devenir la pire interview de ma carrière ? N'étais-je plus capable d'être professionnelle depuis le drame ? Et si je ne pouvais plus être une bonne journaliste ? À quoi ressemblerait ma vie ?

Je tentai de me ressaisir. *Coup de foudre à Notting Hill*, *Bridget Jones*, *Love Actually*, pensais-je pour me motiver. Si j'obtenais une information exclusive de la part de cette figure des comédies romantiques, mes collègues me traiteraient moins comme une paria. D'autant que l'homme n'était pas réputé pour être facile à cuisiner. J'emmenais l'acteur doucement sur le terrain de sa vie privée en lançant le sujet de la paternité. Après tout, il était venu à Paris assurer la promotion du film *The Best of You*, dans lequel son personnage, un père de famille sur le point de mourir, se remémorait les plus beaux jours de sa vie.

— Quitte à parler des plus belles choses qui vous sont arrivées dans votre vie : vous avez eu cinq enfants ! Votre plus beau rôle n'est-il pas celui de père ?

— Je suis un père effroyable.

Avec tout son flegme britannique, impossible de savoir s'il était sérieux.

Des grincheux, j'en avais eu plein à mon micro. Je refusais de rentrer bredouille. Je provoquai Hugh Grant sciemment :

— Dois-je comprendre que si, à l'instar du personnage du film, vous veniez à mourir prématurément… Vous ne manqueriez à personne ?

Il esquissa un sourire en coin et me donna enfin matière à développer :

— J'ai deux bras gauches dès qu'il s'agit d'ouvrir mon cœur, c'est détestable… Pour quelqu'un qu'on a toujours qualifié d'expert en romance, c'est un comble, n'est-ce pas ? J'ai trop pensé à moi, vous savez. Il est peut-être temps, aujourd'hui, d'arrêter d'être un vieux con dont personne n'ira nettoyer ou fleurir la tombe…

Était-il en pleine parade ? En faisait-il des caisses pour sauver les apparences ? Je n'en savais foutrement rien mais, au moins, je tenais un début d'article. L'ex-dandy en rédemption.

— Quel a été, selon vous, votre plus grand geste d'amour ?

— Celui de ne pas avoir encore pris ma retraite, je crois ! Plus j'enchaîne les tournages à l'autre bout du monde, moins mes proches m'ont auprès d'eux et doivent me supporter…

— Et votre réponse sans cynisme ? Je sens que vous me réservez une meilleure réponse.

— J'ai une anecdote qui pourrait vous plaire.

Hugh Grant venait enfin d'intégrer que j'avais un papier à écrire à l'issue de cette rencontre. Je l'encourageai à me raconter son histoire avant d'être sortie de la chambre par son agent.

— Je n'ai jamais raconté ce geste honteux… C'était il y a pas mal d'années, j'étais jeune. Lors du vernissage d'une exposition à Londres, une inconnue me tape dans l'œil. Le courant passe et je découvre qu'elle vit à Los Angeles. On finit la nuit ensemble… c'est fantastique. Mais elle prend son avion le lendemain. Je ne sais pas si j'ai voulu reproduire une scène de cinéma mais j'ai booké un vol pour la rejoindre quelques heures plus tard et la surprendre. J'ai débarqué devant son appartement, nu sous un trench. Je trouvais ça amusant. J'ai frappé à sa porte… Rien. J'ai attendu si longtemps qu'avec le décalage horaire, je me suis écroulé. Au petit matin, son mari m'a retrouvé la tête sur le paillasson. Visiblement, le couple était adepte des boules Quies mais pas du tout en union libre ! La femme a fait mine de ne pas me reconnaître… Non mais, vous imaginez ? Elle a même appelé les flics ! J'ai prétexté une cuite, des clés perdues et un mélange d'adresses avant de partir en titubant, la queue entre les jambes.

— Quand même, ça a dû vous vacciner des gestes romantiques…

— Disons que, hors plateaux, ça ne me réussit pas !

Cette anecdote était-elle vraie ? J'avais envie d'y croire. À moins que sa plus grande démonstration d'amour soit envers lui-même ? Préservait-il les siens en inventant des anecdotes farfelues pour contenter les journalistes ? Je le saluai, c'était déjà la fin de mon créneau. Un autre journaliste attendait de prendre ma place. En partant, je glissai une dernière question. M'avait-il dit toute la vérité ? Hugh Grant m'offrit une autre réponse typiquement inexploitable :

— J'ai tendance à dire que l'on s'arrange avec ce qui nous convient.

Je ne pus m'empêcher de songer à Pierre.

On s'arrange avec ce qui nous convient...

Pierre écrivait-il aussi l'histoire à sa sauce ? M'avait-il pondu son concept foireux de pause pour ne pas paraître grand méchant ? Ou bien voulait-il garder une porte ouverte ? Le texto de Mona me revint en mémoire. Il venait d'être pris en flagrant délit avec une autre femme. Manifestement, il s'était arrangé avec la réalité.

Il me cachait ses véritables intentions comme tous ces foutus acteurs. C'était bien un truc de mecs d'assurer ses arrières, de ne pas assumer de n'avoir plus d'amour. De ne plus rien avoir à dire ou d'avoir tout foiré. Pour fuir une situation misérable, rien de tel qu'un bon arrangement...

Merci Hugh pour cet éclairage.

*

Sur mon trajet du retour en métro, j'ouvris enfin l'application Instagram pour lire, dans son intégralité, le message laissé par ce mystérieux Luc.B85 :

Salut, Emma, ça fait un sacré bail !
Et comme tu peux le voir, je ne t'ai pas oubliée.
Si la réciproque est vraie, j'aimerais prendre
de tes nouvelles.
À bientôt j'espère, L.

Luc, Luc… Luc…as… Lucas ! C'était Lucas Boulé. Mais oui ! Comment avais-je pu oublier ? Il n'y avait que lui pour tenter une manœuvre aussi désespérée ! Je me retrouvai juste après à espionner son profil. Il n'avait pas changé depuis nos batifolages post-adolescence : toujours ses yeux de gamin, sa fossette sur la joue droite, sa barbe tirant sur le roux et toujours une casquette ou un bonnet sur chacun de ses clichés. Il y a vingt ans, cela lui donnait un look. Aujourd'hui, à l'approche de la quarantaine, je le soupçonnais de camoufler un début de calvitie.

Sur son profil, Lucas semblait déborder d'autant d'énergie qu'à notre rencontre. Il multipliait les activités périlleuses, à la sauce Tom Cruise. Une photo de lui sur un deltaplane, une autre escaladant une montagne. Les sensations fortes avaient toujours été son truc : le surf, le snowboard, sauter à l'élastique ou en parachute, le rafting… Son Instagram servait de publicité aux sports les plus extrêmes. Ce type était la pire frayeur des assureurs.

Il était du genre à réfléchir après, à n'être fiable que dans son arrogance face à la faucheuse. Des accidents, il en avait eu des tas. Mais jamais un assez sévère pour l'arrêter… Lucas n'était pas un homme de lettres, je ne l'avais jamais vu écrire ou lire autre chose que ses magazines de glisse. Il misait tout sur son physique athlétique. Il fallait bien l'avouer, il restait toujours agréable à reluquer.

Je réfléchissais, assise dans la ligne 1, à ces personnes perdues de vue. À l'époque, elles signifiaient tant. Et en un claquement de doigts, elles avaient disparu des radars. Allais-je me passer de Pierre aussi facilement que de tous mes ex ? Après presque vingt ans sans se voir ou avoir donné des nouvelles, Lucas renouait le contact. C'était osé et en même temps, pas si surprenant. Je ne croyais pas aux dates de péremption dans mes relations, nous pourrions peut-être mieux nous comprendre aujourd'hui. J'envisageais ces retrouvailles un peu comme le vin. En apprécier les nuances n'est possible qu'en prenant de l'âge et avec l'expérience.

J'étais rassurée de voir que je n'étais pas la seule paumée. Pour déterrer le passé, il fallait être insatisfait de son présent. Je me décidai à répondre à Lucas : j'étais d'accord pour des nouvelles entre amis, entre deux anciens amants. Pour refaire l'histoire autour d'un café, d'un thé ou d'un Coca zéro. Cela ne m'impliquait guère au-delà de la simple nostalgie. Et puis, cela restait flatteur de savoir que je n'étais pas oubliée. Pierre semblait bien s'amuser de son côté avec sa mystérieuse fille du bus. Je ne trahissais personne. Je n'avais pas à broyer du noir en solitaire.

ELLE A FAIT UN BÉBÉ TOUTE SEULE

Vendredi 28 avril 2023, le jour de mes trente-sept ans

Je me réveillai une larme au coin de l'œil. Encore une nuit désastreuse. J'avais ressassé. Passé en revue tout ce que j'aurais dû tenir dans mes bras en ce matin d'anniversaire. Je n'avais plus de compagnon pour m'enlacer. Crapaud, gardé par son père, ne serait avec moi que ce soir après l'école.

Si tout s'était bien passé, j'aurais dû tenir près de mon cœur pour mes trente-sept ans ce deuxième bébé, âgé de deux ou trois mois à peine. Si la partition n'avait pas été remplie d'autant de fausses notes… À la place, je me levais solo. Avec un an de plus et d'énormes cernes noirs.

Je n'avais pas d'obligation à me rendre au travail avant midi, heure de ma première et dernière réunion du vendredi. Je sautai hors de mon lit pour traverser la ville en quête d'un coiffeur. Il fallait que je me coupe les cheveux. Vite. Je réservai un rendez-vous dans le premier salon disponible. Pas dans mon quartier, non… le plus loin possible de mes habitudes.

Ce matin, je voulais me catapulter en terres inconnues. Je ne souhaitais être reconnue d'aucun commerçant ou artisan. J'avais envie de paix, d'éviter les questions intimes. Je me retrouvai à huit stations de métro de chez moi. Face à un coiffeur qui, voyant ma tête, me servit un café sans même me le proposer. Avant de prendre son matériel, il osa quelques mots.

— Rude soirée hier ? tenta-t-il pour lancer la conversation.

— Oui, voilà. Dans le mille.

Réponse courte et fermée. Le message était clair : j'avais besoin d'un allié silencieux ce matin, pas d'une pipelette. Il ne tenta aucune relance. Je lui en fus reconnaissante. Avant de cesser tout bavardage, je lui expliquai toutefois quelle coupe je désirais :

— Je voudrais que vous m'enleviez six mois de ma vie, s'il vous plaît.

Pas six centimètres, six mois.

Je voulais que six mois de mon existence disparaissent en quelques rapides coups de ciseaux. Que ces six derniers mois arrêtent de peser si lourd sur ma tête. Qu'ils cessent d'endolorir mon crâne. Ces six mois sans mon bébé qui avaient été autant de soulagement que de désillusion.

Six mois dans une vie bien remplie, ce n'était rien. Un battement de cils. Mais ces six mois depuis le drame m'avaient paru une éternité.

*

— Non mais tu t'imagines ? Ne plus jamais entendre aucune voix de mecs… Le bonheur !

Mona s'extasiait devant sa découverte.

— Ils auraient moins d'occasions de nous piquer nos idées ou de nous expliquer comment réussir notre vie, ça c'est sûr…, renchérit Charlotte en se resservant du champagne. Mais moi, ça me manquerait de ne plus entendre une voix d'homme me susurrer des choses parfois !

— Ah oui, on voit où tu veux en venir ! s'amusa Louise, pourtant dubitative depuis le début du pitch de Mona. Ça ne concerne que les voix d'hommes ? Je veux dire, pas des garçons qui n'ont pas encore mué ? Parce que ne plus entendre la voix de mon fils, ça, je ne m'en remettrais pas si j'étais à la place de cette pauvre femme…

J'écoutais avec délice mes amies se renvoyer la balle sur une histoire farfelue de Mona. Elle avait entendu parler d'une Chinoise qui avait cessé du jour au lendemain d'entendre la voix de son mari. Les oreilles de cette femme s'étaient mises en *pause* de tout son masculin. Elle souffrait d'une surdité partielle et rare qui ne lui permettait plus de comprendre les fréquences très graves… donc les voix d'hommes ! En voilà une qui profitait d'un break intéressant.

Entourée ce soir, pour mon repas d'anniversaire à la maison, de mes trois amies Charlotte, Mona et Louise, mais aussi de mon Crapaud, je me disais que je pourrais très bien envisager de me passer d'une voix d'homme. Avais-je besoin d'un mec et, surtout, de l'écouter ?

Ce dîner entre filles, pendant que Crapaud jouait avec ses briques Lego à côté sur le tapis du salon, me permettait d'oublier ma matinée cafardeuse. M'évader en écoutant blablater Mona. Cette année, je n'avais pas eu le courage de réunir davantage de monde pour une fête. Je n'étais pas vraiment d'humeur. La rupture avec Pierre était bien trop fraîche. J'avais réuni notre quatuor de gonzesses et mon fils, cela me suffisait amplement. Je voulais du sucre, du gras, des bulles, des câlins de Crapaud et des rires de mes copines. Le tout à domicile, tous en pyjamas autour de la table de cuisine.

Au moment du gâteau, qui était simple cette année car mes amies avaient acheté un gigantesque cookie aux pépites de chocolat, je ne pus m'empêcher de me toucher le ventre. Je savais bien qu'il ne contenait plus rien depuis six mois, mais cette impression de sentir quelque chose bouger en moi persistait. Mon bon sens finit par m'extirper de ce mirage. Je fermai les yeux en prenant mon inspiration. Il me fallait trouver un vœu réalisable pour cette nouvelle année. Je soufflai mes bougies en me souhaitant de ne plus craindre de rebondir. De réussir aussi à raconter mon histoire, la perte de ma fille, à quiconque me le demanderait sans avoir des sanglots dans la voix.

— À ton avenir radieux, Emma, puisse-t-il être inondé de rencontres marquantes et de renouveau! s'exclama Charlotte en levant sa coupe vers moi.

Parfois, je me demandais, si avec elle, il n'y avait pas un peu de télépathie dans l'air.

*

Après chacune de mes grossesses, je devenais un poil cleptomane. Ce soir d'anniversaire, je resservais ainsi mes amies en ouvrant une autre bouteille de champagne… chipée il y a plusieurs semaines au Monoprix. C'était indéfendable, je le savais bien. Mais c'était mon secret bien gardé: en période de post-partum, je me transformais en fraudeuse. Comme si le fait de m'être si bien comportée enceinte me donnait le droit de voler après. De jouir de la décharge d'adrénaline procurée par cet interdit…

Je m'étais découvert ce vilain penchant après la naissance de Crapaud. Je le baladais dans les allées d'une supérette et disposais un pack de lait pour bébé dans le sac de rangement du bas de la poussette. À mon passage en caisse, j'oubliais de sortir ce que j'avais rangé dans le fond de la poussette avant de payer. Et puisqu'une jeune maman avec son nouveau-né reste insoupçonnable… je quittais la boutique sans avoir réglé la totalité de mes courses. La première fois, je ne fis pas exprès d'oublier de sortir le pack de lait de la poussette. Les suivantes, je pris goût au risque d'être appréhendée par des agents de sécurité.

Bien que je sois repartie de l'hôpital sans mon bébé, cette deuxième grossesse n'échappait pas à la règle. Depuis six mois, je cachais à mon cercle proche mes relents de cleptomanie. S'il fallait me trouver une addiction… ce serait celle-ci.

*

— Allez, ouvre ton cadeau !

Louise était aussi fébrile qu'un enfant face aux paquets sous le sapin. Elle me pressait d'ouvrir une enveloppe qu'elle m'avait tendue plus tôt avec ma part de gâteau. Mes amies ne le savaient pas mais les enveloppes, désormais, me faisaient penser au bracelet rose de ma fille récupéré à l'hôpital. Mais ce n'était pas le moment pour de telles idées.

Je secouais et approchais de mon oreille l'enveloppe offerte par mes amies. Je faisais durer le plaisir. Rien ne remuait à l'intérieur. Elle contenait certainement une feuille de papier plié…

— Qu'est-ce que vous m'avez encore acheté, les filles ? Je suis sûre que c'est une connerie !

Je regardais Charlotte, Louise, Mona et mon fils, tous amusés par la situation. Je me dis que ces bouilles-là étaient définitivement mes préférées.

J'ouvris enfin l'enveloppe sur un *ouf* de soulagement de Louise. Elle contenait bien une feuille pliée en quatre.

Une sorte de *bon pour* à mon adresse. Lorsque je lus les détails de ce coupon, j'explosai de rire. Mes copines m'offraient une heure de consultation avec tirage de cartes chez une voyante prénommée L'Étoile sans nom. Quelle bande de folles !

Elles ne reculaient devant aucun moyen de me redonner le sourire. Faire appel à une voyante pour soulager mes angoisses était une très bonne blague. Ce cadeau dédramatisait ma situation. Aucune de nous ne croyait sérieusement à ces prédictions. Les filles espéraient surtout qu'une diseuse de bonne aventure m'offrirait une vision optimiste du futur. Des illusions en barre. Le meilleur placebo qui soit.

— Bon ! C'est à moi maintenant d'attirer votre attention, mesdames !

Mona leva sa flûte, exactement de la même façon que le soir où elle nous avait annoncé être en couple avec une femme. Je croisai les regards de mes amies, toutes prêtes à une nouvelle histoire digne du *Mona's show*. Nous étions suspendues à ses lèvres. Même Crapaud leva la tête de ses jeux pour ne rien manquer du spectacle.

— Eh bien, ce n'est pas facile à dire... Je vais donc lâcher la bombe d'un coup ! Je ne peux plus garder le secret face à vous les filles... je vais avoir un bébé ! Je suis à deux mois de grossesse environ. Ça fait des semaines que je vous cache mon minuscule bidon, regardez !

Waouh. Celle-là, je ne m'y attendais pas.

Mona enceinte. Mona.

Qui était encore seule il y a peu. Qui est officiellement en couple avec une femme, Estelle.

Sur le coup, comme Charlotte et Louise l'ont fait, j'ai sauté dans les bras de mon amie pour la féliciter. Avec un sourire de façade et des gestes mécaniques. Il me fallait une nouvelle coupe de champagne. De l'alcool, pour ne pas tomber de ma hauteur sur le parquet.

Je n'avais pas imaginé une seconde que Mona pourrait me voler la vedette. Qu'elle me déroberait mon désir de bébé.

Place aux explications. Qui pouvait bien être le père de ce fœtus ? Comment avait-elle réussi à nous le cacher ? Je l'avais toujours vue boire à nos soirées. Nous nous étions bien fait berner. Devant nos mines déconfites, Mona comprit notre besoin de détails. Je couchai Crapaud et nous nous retrouvâmes toutes les quatre autour de ma table de cuisine :

— Vous vous souvenez d'Arnaud, mon pote d'enfance qui est gay ?

Mona avait vécu toute sa jeunesse dans l'une des tours du quartier place des Fêtes du XIXe arrondissement. Elle gardait des liens forts, tissés depuis le bac à sable, avec certains amis du quartier. Ensemble, ils avaient traîné sur les marches de leur cité, roulé leur première cigarette à côté des ascenseurs, jeté un paquet de ballons remplis d'eau depuis les étages des tours… Ensemble en maternelle, en primaire, au collège, ensemble pendant les vacances scolaires, car personne ne partait jamais. Ensemble dans la glandouille et la révolte adolescente. Arnaud était l'un de ses amis d'enfance de la place des Fêtes. Il habitait lui aussi ces immenses dortoirs, avec vue plongeante sur Paris, brassant des populations de tout bord. Arnaud était comme un frère pour Mona. Il comptait d'ailleurs également parmi les meilleurs potes de Marc, le jumeau de Mona.

Arnaud avait toujours su son homosexualité. Il n'avait pourtant pleinement assumé son amour des autres hommes qu'une fois locataire d'un appartement du quartier voisin, Télégraphe. Les grandes tours de place des Fêtes n'élèvent pas que des hétéros mais Arnaud savait qu'il lui faudrait s'éloigner pour ne pas se sentir jugé.

Lorsque Marc s'était lui aussi sauvé de la cité, ses économies en poche, pour aller au Canada – où il s'était transformé en petit génie du code –, Arnaud et Mona étaient devenus inséparables. Ensemble, ils s'étaient fait la promesse de fonder une tribu plus tard. Des promesses de gamins… Et puis :

— Vous imaginez la suite : on a commandé sur Internet une seringue stérile sans aiguille, spéciale pour les inséminations maison. Arnaud a fait sa petite affaire. Et puis moi, de mon côté, j'ai ensuite tout fourré au plus profond que j'ai pu… les pattes en l'air pendant plusieurs minutes. C'était fendard comme activité entre amis, je vous assure ! On a fait ça deux fois… ça a marché au bout du second essai.

Nous restions silencieuses. Captivées par les explications de Mona. Elle poursuivit :

— J'en avais marre d'attendre le prince charmant, d'ailleurs, je n'y croyais plus. Arnaud cumulait aussi les types instables. À force de voir les autres heureux, construire des familles, ça nous titillait. Nous voulions tous les deux un bébé plus que tout, nous voulions être parents plus que d'être amoureux. J'ai rencontré Estelle pile au moment de la seconde insémination, début mars, mais ce n'était pas prévu. Je ne vous ai rien dit la dernière fois parce que j'avais besoin de préparer le terrain en vous parlant d'Estelle avant de vous assommer avec le bébé… Avec Arnaud, nous allons reconnaître le bébé comme si nous étions un couple séparé. Nous l'élèverons ensemble, sans forcément vivre sous le même toit. Je serai une mère célibataire avec mon meilleur ami, père célibataire. Si Estelle ne se sent pas de nous suivre, je ne la forcerai pas… Voilà les filles, vous savez tout. C'est comme cela qu'on fait des miracles sans avoir à coucher avec le premier venu !

OK, Mona a plié le *game* des annonces en soirée.

La prochaine d'entre nous qui voudra surprendre, parler d'un mariage, d'un Pacs, d'un déménagement en province, d'un nouveau tatouage, même sur une zone intime, d'un job à l'étranger ou bien d'une nuit en cellule de dégrisement, passera obligatoirement pour une ringarde. C'était clair. Mona avait mille ans d'avance sur nous toutes. Elle était si sûre de ses choix. Elle traçait sa propre voie. Elle forçait le respect.

Mais avec cette histoire de meilleure amie enceinte, la vie me mettait à l'épreuve. Je devais être heureuse pour elle. Sinon quoi ? Je n'étais pas une bonne personne. Je devenais la vieille conne, l'aigrie, la grincheuse. L'amochée qui ne s'égayait plus de rien ? Et qui ne se réjouissait surtout plus pour les autres ?

Les souvenirs reviennent

Mi-mai 2023, un an après le test de grossesse positif

L'an passé, à cette même période, en cette même saison, alors que les jours gagnaient en douceur, je voyais en un signe de croix une joie inégalable. J'allais être maman une deuxième fois. Je réussissais l'exploit, si c'en était un, de tomber enceinte du premier coup. Au soir ou au lendemain de mes trente-six printemps. Mon corps enlacé avec celui de Pierre accueillait un grain de vie, d'espoir.

La bonne nouvelle à tirer de tout cela était la réaction immédiate de mon utérus à mes envies de bébé. Pour Crapaud, un mois d'essai avait été suffisant avant le test positif. Je me savais donc facilement féconde sans contraceptif. Mais à quoi bon, si j'étais incapable de mener les choses jusqu'à terme ?

Je n'en avais jamais parlé à Pierre, peut-être par fierté ou parce que nous étions trop jeunes lors de notre rencontre, mais avant Crapaud, j'avais déjà accueilli une ébauche d'humanité au fond de moi. Une de ces grossesses qui *ne comptait pas*. Qui aurait pu s'évacuer d'elle-même. Que je n'aurai peut-être même pas remarquée si je n'avais pas eu de douleurs. Une grossesse terminée avant d'avoir été comprise. Une fausse couche précoce.

L'histoire de Mona avait fait resurgir en moi des souvenirs retenus en otage. Ma mémoire forçait à la discrétion certains passages malheureux. Mais lorsque mon amie s'était mise à reparler d'Arnaud, puis de Marc… j'ai tout de suite replongé avec eux. Moi aussi j'ai fait partie de la bande. Je revoyais des images de bars, de crémaillères, de soirées à boire des canettes au parc de Belleville. Je me suis revue flirter avec Marc, alors que je venais à peine de rencontrer sa sœur. À cette époque, tous les deux, nous n'avions pas vingt ans. Dix-huit ou dix-neuf ans, tout au plus. Nous étions *jeunes et cons*, comme le chantait Damien Saez. Nous avions l'éternité devant nous. Nous portions des caleçons trop grands, des culottes en coton, et le tout s'abaissait trop vite. Nous étions en plein éveil, jeunes et affamés de passion. Marc et moi étions amis et amants.

Mona n'avait jamais rien su de ma relation particulière avec son jumeau. Je lui ai également toujours caché notre passage éclair aux urgences gynécologiques de l'hôpital Armand-Trousseau, dans le XIIe, pour des maux d'estomac. Marc, bon garçon, m'avait accompagnée sans comprendre ce qui se tramait. Mes règles n'arrivaient pas, je craignais une grossesse extra-utérine. Je gardais cela pour moi. Lorsqu'un médecin m'ausculta avec son matériel échographique, il ne s'embarrassa pas d'égards et m'annonça que j'avais un œuf clair.

Un quoi ?

J'étais bien tombée enceinte, malgré les capotes.

Malgré la pilule.

Cela arrivait quelques rares fois. Je n'étais pas très avancée dans la grossesse, me rassura le médecin. À peine trois, quatre semaines. À ce stade, il était question de millimètres… Mais quelque chose s'était bien implanté dans mon utérus. Je voyais une poche sur les images de l'échographie. Un rond noir avec rien dedans. La division cellulaire s'était stoppée d'elle-même. Aucun embryon en vue, aucune activité cardiaque.

Le médecin me précisa qu'il s'agissait d'une grossesse non évolutive. Une terre fertile sur laquelle la vie n'avait pas trouvé son chemin. Je découvrais tout, bien trop jeune. Les termes techniques, la complexité du corps humain. Si je ne faisais rien, ce sac gestationnel s'expulserait de lui-même. Sans toutefois prévenir d'une date ou d'un lieu.

Quand tout s'arrêtait si tôt, j'appris que de nombreuses femmes ne se rendaient compte de rien. Elles voyaient juste leurs règles débarquer avec du retard, plus intenses et charnues. Le médecin me conseilla une intervention pour me *débarrasser* rapidement de cet œuf clair. Il me proposa une aspiration sous anesthésie ou une prise de médicaments abortifs. Je choisis les cachets de Cytotec, je pouvais les prendre sans être hospitalisée à condition d'être surveillée par un proche. Marc me veillerait.

Une fois chez moi et les comprimés insérés dans mon vagin, il ne restait plus qu'à attendre que mon corps démarre les contractions pour expulser l'œuf. Cela devait être réglé en quelques heures d'après le médecin. Je devais noter mes saignements et s'ils devenaient ingérables, j'avais ordre de revenir à l'hôpital. Lors de cette nuit, avec Marc comme chaperon, je repensai au livre *L'Événement* d'Annie Ernaux, sur son avortement clandestin. Je me souvenais l'avoir dévoré à seize ans. Je me dis que les étudiantes d'aujourd'hui avaient finalement les mêmes galères que celles d'hier. Bien qu'avec plus de facilités, nous vivions toujours ces épisodes majeurs de nos vies de femmes dans l'ombre.

Le temps n'avait pas filé cette soirée-là.

Nous avions bien tenté de regarder un film et de manger un bout mais nous ne trouvions pas la force de sourire, de discuter. Marc s'inquiétait. Je ne stressais pas car je ne savais pas à quoi m'attendre. Dans les toilettes, autour des trois heures du matin et alors que Marc venait de s'endormir, je sentis une boule tomber de moi. L'impression d'accoucher d'un œuf de caille. Je plongeai ma main dans l'eau des toilettes sans réfléchir à l'hygiène pour récupérer cette perte. L'observer.

Du reste de cette expérience, je ne gardais que peu d'images. Nous étions assez vite passé à autre chose avec Marc. La force de la jeunesse certainement. J'avais choisi de retourner seule à l'hôpital pour mon échographie de contrôle. Le médecin devait vérifier que mon utérus était nettoyé de tout résidu. C'était le cas. Et je ne sais pour quelle raison mais je me sentis comme foudroyée par un courant électrique en sortant de ce rendez-vous.

Une décharge me traversa le dos à peine le pied posé sur le trottoir devant l'hôpital. Un pic de chaleur. Comme pour me souvenir de me tenir droite. Me redresser. Je me retrouvai à l'air libre, reconfigurée. Réinitialisée de l'intérieur. Jamais aussi naïve qu'avant cette nuit d'expulsion. J'étais devenue une femme consciente qu'elle pouvait procréer. Une parmi tant à comprendre que les choses, parfois, pouvaient n'être qu'une coquille vide.

*

Hasard du calendrier : j'avais mes règles en cette deuxième semaine de mai 2023. À chaque fois que je saignais, depuis la perte de ma fille, je ne pouvais m'empêcher de surveiller mon débit. De pencher ma tête vers le trou des toilettes. Je repensais aux hémorragies, aux caillots évacués. À ce sauvetage d'urgence. Plus jamais, je le croyais, je ne saignerais sereinement avant la ménopause. J'étais devenue l'antithèse d'un vampire. Tout fluide rouge me faisait presque tourner de l'œil. À chacun de mes cycles, mon corps tournait un peu plus la page cornée de cette deuxième grossesse. Dur à encaisser.

Mais ce fardeau n'était pas celui des autres.

Cela faisait déjà quinze jours que Mona nous avait confié attendre un bébé lors de mon repas d'anniversaire. Quinze jours que je me montrais distante avec mon amie. C'était ridicule. Je ne pouvais pas lui infliger ça. Je devais faire la paix avec mon histoire, calmer mon aigreur. Elle n'avait pas à payer les pots cassés. Sa grossesse n'allait pas être un fiasco comme la mienne. Je l'espérais sincèrement. Je lui glisserais un message pour savoir si tout allait bien.

Mona n'était pas la première femme enceinte à m'avoir agacée. Depuis ma césarienne d'urgence, je ne croisais que des ventres ronds à tous les coins de rue. À croire qu'ils se regroupaient pour me narguer. C'était terrible, cette mélancolie des formes. Je me suis surprise à jalouser des femmes au teint radieux, à l'allure sans crainte… Des femmes heureuses qui ne m'avaient rien fait ! Je ne pouvais pas passer le restant de ma vie à mépriser celles pour qui les neuf mois se déroulaient bien.

Mona avait toujours été un modèle. Elle me réconcilierait peut-être avec la vision d'une mère et d'un nouveau-né, sans céder à la jalousie. Et puis, son idée de faire un bébé sans être en couple se tenait. Comme Mona, je désirais davantage pouponner que retrouver l'amour. Surtout depuis que Pierre avait piqué sa crise et fui sur son propre radeau en pleine tempête.

Sur la planche en bois du Titanic, lui, contrairement à Jack brûlant pour Rose, ne m'aurait pas cédé la place. Il m'aurait laissée crever dans l'eau gelée.

*

Puisque j'avais mes règles, j'enfilai un jogging et décidai de ne plus mettre un orteil dehors. J'observai du coin de l'œil ce colis récupéré deux semaines auparavant au travail. Je me souvenais à quel point le texto de ma collègue Julie m'avait intriguée juste avant d'arriver à mon interview avec Hugh Grant. Et pourtant, ce colis était toujours là, posé sur le sol de ma chambre, sans que j'aie pris le temps de l'ouvrir.

Il était, pourtant, plutôt envahissant. Lourd. Bien emballé, avec une dose de scotch capable de fixer tous les papiers cadeaux des jouets reçus par mon fils sur une année. Je pris un cutter pour délivrer le carton de ses kilomètres d'adhésif. Le pauvre avait été ligoté avec zèle par son expéditeur. Une fois dégagé de ses rubans, il s'ouvrit comme une fleur. En son ventre, un sac en plastique opaque. Lui-même scotché avec vigueur. Mon lecteur semblait aimer les poupées russes.

L'expéditeur n'avait pas pris la peine d'inscrire son identité sur les faces extérieures du paquet. Je tentais de me convaincre de la bienveillance de cet envoi anonyme. Un frisson me parcourut. Je revoyais comme une idiote la scène finale du film *Seven* de David Fincher. Celle où un mystérieux colis, à peine moins gros que le mien, contenait la tête décapitée de l'épouse d'un des flics.

Je guettai alors, telle une détective, la moindre tache de sang sur le carton. Sur le plastique. Toujours ce foutu sang.

Il n'allait pas encore me gâcher la vie.

Comme un boomerang

Début juillet 2023

Cet été, Crapaud ne passerait pas ses vacances à se gaver de tiramisu ou de *gelati*. Les beaux jours se vivraient sur l'asphalte parisien. Cette séparation forcée m'avait mise sur la paille. Pierre semblait être lui aussi dans la mouise financièrement. Il remboursait sa part du crédit de la maison que nous avions achetée ensemble et il réglait en plus le loyer de son nouvel appartement. Il avait choisi de vivre seul et c'était véritablement un prix à payer.

En ce premier lundi de juillet, je laissai Crapaud chez Charlotte pour la nuit. Il adorait dormir chez celle qu'il appelait sa *tata cool*. Les deux commandaient en général chez McDonald's et regardaient des dessins animés jusqu'à une heure tardive. Avant, cela m'aurait énervée. Maintenant, j'apprenais à lâcher du lest. Davantage d'écrans et de *junk food* ne faisaient pas de moi une mauvaise mère. Je cherchais surtout à limiter les conflits avec Crapaud. Depuis le break, il pouvait se montrer infect avec Pierre et moi. Notre petit dictateur, notre capricieux… Et l'éducation permissive, courant plébiscité par les parents au bout du rouleau, était le meilleur recours que j'avais trouvé pour rester zen.

Ce premier lundi de juillet, Crapaud allait donc s'éclater chez Charlotte, à deux pas de la maison, et moi, je comptais profiter d'avoir une baby-sitter pour revoir Lucas.

Dans la moiteur du métro qui me menait à mon lieu de rendez-vous, j'assistai à une scène de retrouvailles. Assise dans le carré quatre places, je regardais au loin une femme se diriger d'un pas décidé dans ma direction. Elle avait le regard amoureux. Elle ne calculait rien autour d'elle. Elle aurait pu écraser chaque pied sur son passage sans s'excuser… tant qu'elle atteignait l'autre bout de la rame. Elle passa à ma hauteur et j'eus juste le temps de tourner la tête pour la voir s'enfouir dans les bras d'un homme. Lui était debout, adossé contre les portes derrière moi. En une fraction de seconde, leurs corps ne firent qu'un. Je ne voyais plus que le dos de cette femme. Sa tête enrobée par celle de son partenaire. Ils s'embrassaient. Se dévoraient, même. Ils se moquaient bien d'être en public.

Je me disais que ces deux-là avaient dû sacrément se manquer… Leur capacité à ignorer la foule autour d'eux était belle. Ils ont continué longtemps, plusieurs stations, avant de se jeter sur un quai. Et de s'enlacer à nouveau.

Se comporter modestement, très peu pour eux.

Après une telle effusion d'amour, je me demandais bien quelle serait la réaction de Lucas en me revoyant. Serions-nous de ceux qui se sautent dessus comme au bon vieux temps ? Ou de ces ex se jaugeant du regard avant de maladroites salutations ? Arrivée sur les quais du canal Saint-Martin, en marche vers le bar où nous nous étions promis de nous retrouver, je n'en menais pas large. Cela faisait trois mois que nous échangions sans régularité des textos. Jamais de sous-entendus. Le ton désinvolte. Ces retrouvailles n'avaient pas de but affiché et cela me perturbait.

J'arrivais la première. Qu'il soit en retard ne m'étonnait pas. Il ne devait pas avoir tant évolué depuis notre amourette. Il semblait figé à vingt-deux ans d'après son Instagram. Les bornés ont le cuir dur. Dans mes souvenirs, il rabâchait *Live Fast, Die Young*. Ça lui allait bien. Heureusement, il ne s'était pas encore tué à près de quarante piges. Je me demandais ce que nous pourrions bien avoir en commun aujourd'hui. Nous avions chacun, au début de la vingtaine, emprunté des chemins de vie si différents.

— Tu t'imagines, il est peut-être réapparu pour te demander en mariage ! Je me rappelle, vous rigoliez à l'époque sur le fait que si vous vous retrouviez ensemble célibataires en fin de trentaine... vous passeriez devant le maire !

Les commentaires de Charlotte, délivrés au moment de lui laisser Crapaud, m'avaient fait sourire. Lucas, elle l'avait toujours détesté. La situation serait cocasse s'il réapparaissait vraiment dans ma vie pour cela.

Je le vis descendre les nombreuses marches du pont qui séparait sa rive de celle sur laquelle je l'attendais. Il était beau, presque plus qu'avant. Il avait les épaules carrées, le bassin fin. Il était un V digne des magazines. Toujours accoutré comme un ado, hélas. Il me fit un geste de la main, accompagné d'un sourire.

En le regardant s'approcher, la démarche dynamique, avec le regard d'un élève revoyant sa maîtresse préférée, je sus qu'il allait me claquer la bise. Il fonçait vers moi, sans hésitation. Comme il l'avait toujours fait.

— Oh mais, Emma ! C'est fou de te revoir. Tu n'as pas changé… je suis si content !

Sa joie paraissait réelle. Je le laissai tirer ma chaise pour que je m'installe à notre table, un peu de courtoisie ne faisait pas de mal. Après avoir commandé nos boissons, je lui renvoyai la balle :

— C'est dingue, en effet ! C'est quoi ton secret, sérieusement, pour avoir l'air encore plus jeune que dans mes souvenirs ?

J'avais l'impression d'être une cougar. Une de ces femmes qui s'affichaient en compagnie de minots. Au détail près que mon jeune rencard, au physique puissant et habillé comme un skateur, était un brin plus âgé que moi. D'un coup, je sentis le poids de mon union avec Pierre et de mes grossesses esquinter ma confiance. Je paraissais si vieille à côté de lui ! En plus de mon corps, j'avais aussi des références de daronne : dans ma tête, en boucle, le titre de Patrick Bruel « Place des grands hommes ».

Je nous constatais en faire une version alternative :

— T'as pas changé ! Qu'est-ce que tu deviens ? Tu t'es mariée ? Est-ce que t'as des gamins ?

La conversation était fluide. Nous avons comparé nos vécus. Et c'est là, en déterrant des bouts du passé, que j'eus une révélation. Nos versions des faits différaient. C'en était déstabilisant. L'un de nous avait-il la mémoire qui flanchait ? Peut-être se rappelait-il des souvenirs avec une autre ex qu'il confondait avec moi ? Lorsqu'il s'agit d'amour, chacun a sa version en fonction de son ressenti, c'est bien connu. Mais là, nos ressentis avaient très peu de concordances.

— C'est toi qui m'as quitté, Emma, tu ne te souviens pas ?

— Mais pas du tout !

— Si, si… Tu m'as *ghosté*. Tu m'as laissé sans réelles explications. Je t'ai donc laissée tranquille.

— N'importe quoi ! Tu étais parti je ne sais où pour un job d'été… Et puis, tu m'as laissée sans nouvelles des semaines, des mois. Sans oser me plaquer dignement.

— T'es sérieuse ?

— Ouais, je me souviens que j'étais hyper-vexée. Alors je suis passée à autre chose.

Visiblement, à nos vingt ans, nous étions tous les deux lâches. Nous n'avions pas su nous écouter. Préféré fermer les yeux. Rejeter la faute sur l'autre…

Je songeai à Pierre. L'avais-je assez écouté ? Et lui ? Avions-nous aussi deux visions parallèles de notre clash après la perte de notre bébé ? D'un coup, je ressentis un malaise. La douleur de comprendre que je n'étais peut-être jamais allée jusqu'au bout des choses. Étais-je le genre de personne incapable d'écrire toutes ses histoires en entier ?

Ce rendez-vous avec Lucas me bousculait.

Il m'expliqua ensuite avoir vécu une période sombre. Son meilleur ami était mort lors des attentats au Bataclan en 2015. Lui aussi devait assister au concert ce soir-là. Un empêchement lui avait sauvé la vie. Depuis, il s'en voulait. Il repoussait les filles. N'arrivait plus à se sentir épanoui…

Si je le pensais aussi frivole qu'au temps de notre liaison, Lucas se montrait en réalité bien plus profond. Il m'expliqua qu'il avait entrepris une démarche d'autocritique. Il revoyait chacune de ses anciennes conquêtes pour comprendre son célibat. Selon lui, nous avions toutes quelque chose à lui reprocher. Et s'il pouvait encore cocher la case de ce défaut, c'est qu'il devait s'améliorer.

Toujours ce désir de performance.

Il s'équipait au maximum pour son prochain saut dans le vide amoureux. Qu'il espérait le dernier, le bon. Je découvrais un autre Lucas. Un type attendrissant, espérant se ranger, fonder une famille. De l'extérieur, il restait le clone de sa jeunesse mais à l'intérieur il avait enfin activé tous les capteurs de son cerveau. Comme quoi... il ne faut jamais désespérer : un homme peut mûrir !

Je lui donnai ce qu'il était venu chercher : ma vérité sur lui.

— Ce que je te reprochais à l'époque, c'était certainement d'être trop aléatoire. Un coup *too much*, sur mon dos. À passer des jours collés, me promettant monts et merveilles... Et puis, le coup d'après : réservé, jamais dispo, silencieux. Tu étais un peu étrange en fait ! Ça collait parfaitement avec ton personnage de mec libre. Mais aujourd'hui, ça ne m'amuserait pas très longtemps. Je n'aurais pas pu t'imaginer en père de mes enfants, en gros.

J'avais si peur de sa réaction à mes paroles. Sonder ses ex sur ses maladresses d'avant restait le meilleur moyen de se faire du mal inutilement...

Lucas pensait le contraire. Il semblait satisfait de ma franchise. Il était prêt à se métamorphoser en athlète du cœur.

Je ne lui souhaitais que de réussir cette ultime folie.

*

Au retour de ce rendez-vous avec Lucas, je ne replongeai pas dans les sous-sols du métro. J'avais envie de marcher, d'air. Je n'aimais pas spécialement traîner dehors seule en pleine soirée. Aucune femme n'appréciait cela. Mais j'avais ma bombe lacrymogène et il fallait que je passe un coup de fil.

Au bout de cinq sonneries, je laissai un message sur une boîte vocale :

— Bonsoir, c'est Emma. Navrée de vous laisser des nouvelles si tard... J'ai bien reçu votre colis et la lettre qui l'accompagnait. Vous pouvez me rappeler à ce numéro qui s'affiche. Je ne veux pas vous déranger, je comprendrais que vous ne le fassiez pas... Je voulais juste vous dire que votre geste m'a beaucoup émue. Mais aussi bien fait sourire. Pour le bonheur... c'est promis, je vais y travailler sérieusement. Ne vous faites pas trop de souci pour moi. J'espère que vous aussi, vous serez heureux dans votre vie. Au revoir, à bientôt peut-être.

Ces trois derniers mois, j'avais l'impression qu'une grande partie de mon passé me revenait en pleine face. Comme un boomerang. Ma fausse couche avant vingt ans, mes histoires avec Marc ou Lucas... Et ce colis d'un lecteur inconnu.

Lui, il était venu déterrer l'une des plus grosses racines de ma jeunesse. Une racine pourrie. Une de celles que j'avais pris soin, en devenant adulte, d'ensevelir dans mon jardin secret.

J'étais comme ça. De ces personnes qui faisaient le choix d'engloutir leurs traumatismes pour ne pas se décomposer en surface. Pour ne pas se laisser détériorer. Pour se sauver en quelque sorte.

Ce colis, mauvaise blague ou belle attention d'un lecteur, m'a clouée au sol. Je m'attendais à tout sauf à ce que je découvris finalement, mi-mai, en jogging chez moi, une serviette hygiénique imbibée dans ma culotte. Lorsque j'avais mes règles j'étais toujours plus dramatique. Mais là, en ouvrant le paquet, j'ai reçu une droite. Un coup sec et ciblé. Je me suis sentie si engourdie qu'il m'a fallu m'asseoir pour ne pas tomber.

Je n'en croyais pas mes yeux.

Le vieux ballon de football de mon père était emballé dans un sac en plastique. Lui-même disposé dans ce large carton carré. Le cuir sentait encore. L'effet damier noir et blanc avait perdu de son éclat. Ce ballon Adidas, relique de la Coupe du monde 1970 au Mexique, mon père l'avait toujours considéré comme son plus grand trésor. Il n'était, bien entendu, jamais allé au Mexique de sa vie. Bien trop loin, bien trop cher.

Ce ballon, cet héritage de mon père, valait bien plus que sa valeur pécuniaire. Ce ballon rond, je me rappelais le lui avoir chapardé au lendemain de l'annonce de son cancer des poumons. L'apparition d'une tumeur ayant le pouvoir d'effacer tout intérêt pour les choses matérielles… il n'avait jamais remarqué la disparition soudaine de son précieux souvenir.

Les longs mois de traitements, je dormais en cachette avec son ballon. Comme un doudou, une amulette.

Pour que mon père ait autant pris soin de cet objet toute sa vie, il devait avoir de sacrées propriétés.

Le meilleur de ce qu'on était

J'avais douze ans lorsque mon père est mort.

Il n'avait pas été un adversaire assez coriace face à la maladie. Ma mère ne s'en était jamais remise. Si la vie attendait d'ordinaire la majorité pour exposer ses injustices, j'entrais en classe de sixième au moment de lui dire adieu. Dans ce collège où je rencontrai Charlotte, je portais une noirceur en moi à l'âge où les filles se gavaient de bonbons piquants et gribouillaient des arcs-en-ciel sur leur carnet de textes.

Le jour des funérailles, je portais une tenue entièrement noire. Choisie par ma mère ou ma grand-mère. Je ressemblais à une veuve espagnole. Ni à l'époque ni aujourd'hui d'ailleurs je ne comprenais pourquoi j'avais été affublée de la sorte. Mon père détestait le noir. Il avait croisé nombre de bonnes sœurs lors de ses séjours en foyer durant sa jeunesse et la sobriété sur les vêtements depuis… pas son truc. Ce n'était pas lui faire honneur.

J'assistai ce jour-là à un défilé de proches, de famille, d'amis, d'inconnus, venus saluer une dernière fois mon père. Son cercueil ouvert dans une pièce mal éclairée. Chacun y entrait pour en ressortir les yeux embués. Des bras m'enlaçaient sans que je sache à qui ils appartenaient. Le temps des condoléances… Je n'avais pas l'âge d'un tel cérémonial.

Je m'écartai de cette foule. De cette masse oppressante de vestes et de robes noires. J'attendais le moment adéquat. Une fois les rangs dispersés, je tentai à mon tour d'entrer dans la pièce où se trouvait le corps de mon père.

Des hommes habillés eux aussi de noir étaient en train de s'activer. Ils rangeaient, regroupaient les compositions florales, s'apprêtaient à fermer le cercueil. En me voyant, ils s'arrêtèrent net. Je pensais à la garde royale britannique. Ils en avaient tout l'air en se plaçant sans bruit aux extrémités de la pièce pour me laisser me recueillir. Leurs regards vissés au sol.

Peut-être étaient-ils tout aussi gênés que moi de cette situation ? Personne ne savait comment se comporter dans ces moments. J'avançai vers mon père pour déposer le contenu de mon sac auprès de lui. Je ne regardai pas son visage, je ne l'embrassai pas. Cette personne allongée entre quatre planches de bois n'était pas celle que j'avais connue : fonceuse, animée, sportive.

*

Placée juste en dessous du ballon vintage de mon père, envoyé par colis à la rédaction de mon journal, se trouvait une enveloppe avec une inscription : *à la petite Emma*.

En décachetant, plusieurs pages pliées en quatre.

Une longue lettre manuscrite :

Chère Emma,

Je ne me suis rappelé, durant des années, que de votre prénom. Vous, la petite fille qui êtes entrée dans cette pièce pour déposer timidement un ballon de football dans le cercueil de votre papa…

Avec mes collègues de l'époque, nous n'osions pas vous déranger dans votre geste. Il s'agissait pourtant de la toute première fois que nous assistions à une telle offrande à un mort.

Lorsque vous êtes sortie de la pièce, sans larmes malgré votre jeune âge, vous m'avez adressé un sourire. Je me souviens avoir pensé que vous preniez peut-être cela pour un jeu, pour une grosse farce. Après tout, qui pouvait vous en vouloir ? Vous deviez avoir dix ou douze ans.

Vous n'auriez jamais dû perdre l'un de vos parents.

En découvrant ce ballon laissé à votre père, je fus pris d'une vive émotion. Mon père aussi adorait le football. Il faut croire que tous les pères aiment cela ! Je dus pourtant ôter le ballon du cercueil, ordre de ma direction, avant crémation… Parfois, il est permis de laisser des objets au défunt. Mais mon patron ne l'entendait pas de cette oreille.

J'aurai certainement dû outrepasser les ordres… Ce jour-là, je ne vous ai plus revue. J'ai eu connaissance de votre nom, celui de votre père, sur l'avis de décès que votre famille avait publié dans la presse. Heureux hasard, c'est dans la presse également, dans un magazine laissé par ma femme sur notre table basse, que je suis retombé sur vous il y a peu. Tout m'est immédiatement revenu en mémoire. Il fallait que je vous écrive. Que je vous dise que ce ballon, je l'avais religieusement gardé, sans savoir si je me devais de vous le restituer un jour. Je ne voulais pas interférer dans votre deuil…

Vous souvenez-vous de vos mots sur ce ballon ? Au crayon noir, vous aviez inscrit, avec votre petite écriture : « Renvoie la balle, papa, si tu ne veux pas nous voir tristes ! »

Vous aviez ponctué votre demande en signant de votre prénom, Emma, au cas où la mort effacerait la mémoire des partants… Depuis, votre message s'est un peu effacé.

Je n'ai travaillé comme croque-mort, comme homme à tout faire de cette usine de la mort, qu'une année pour payer mes études de droit. Il a fallu que ce soit celle où vous perdiez votre père. Le mien vient de s'éteindre également. Vous savez, nos destins ont peut-être été liés, il y a bientôt vingt-cinq ans, pour se retrouver aujourd'hui.

J'ai trouvé l'adresse de votre bureau et j'espère que vous ne m'en voudrez pas trop d'envoyer ce colis sans vous en avertir. J'ai beaucoup repensé à cette petite fille qui ne comprenait pas très bien la logique de la mort. J'espère, à présent, que vous n'avez pas eu besoin d'un retour de balle pour trouver la paix et le bonheur.

Si jamais, voici celle que vous espériez vous voir revenir.

Je vous laisse mon numéro de téléphone pour toutes plaintes. Je plaisante… il faut bien rire ! C'est ce que ma courte expérience de croque-mort m'a appris. Rions dans les moments les plus durs. Les morts ne se fâcheront pas de nous apercevoir heureux. J'espère que nos pères, de là-haut, se marrent bien, eux.

Amicalement,
Bruno.

Il y a des mots qui touchent plus que d'autres.

Des gestes qui en disent long sur la bonté des gens. Ce Bruno, dont je ne connaissais ni le nom de famille, ni l'âge ou l'adresse, souhaitait réduire ma peine au maximum. Il avait gardé tant d'années ce ballon qui aurait pu lui rapporter une centaine d'euros sur eBay. Quelle belle mission il s'était donnée. Imaginer redessiner un sourire sur le visage d'une petite fille.

Vingt-cinq ans que je n'avais plus repensé à ce ballon. L'enfance a ce pouvoir d'être gardienne de certaines extravagances. Bruno avait été témoin d'un de mes actes désespérés. Lui et ses collègues, mes *Men in black* de l'époque. Aucun de mes proches n'avait connaissance de cette histoire. Personne ne se doutait que le ballon de mon père avait fini lui-aussi en famille d'accueil une partie de son existence.

En laissant un message vocal à Bruno, de retour de mon rendez-vous avec Lucas, j'espérais que nous pourrions devenir amis. Je savais bien qu'espérer un ancien croque-mort parmi ses contacts se révélait inhabituel. Mais depuis l'âge de douze ans, je ne faisais rien dans la norme…

En fixant ce ballon rond qui trônait désormais chez moi, parmi le bazar de ma chambre, je m'autorisais enfin à lui imaginer un avenir. Lui qui avait dû être stocké dans une cave, un grenier, une caisse en plastique, tant d'hivers et d'étés. Il aimerait certainement regoûter aux semelles crasseuses, à l'herbe fraîche, à la lumière du jour.

Ce ballon avait été le détenu de mon ancien travail de deuil. De mes bizarreries préadolescentes. Je devais le relâcher.

Au lendemain de mon rendez-vous avec Lucas, Crapaud découvrirait après sa journée d'école un nouvel arrivant sur son étagère déjà surpeuplée. Mon fils habitait chez ses jouets. Non l'inverse. C'était ainsi que je me figurais sa chambre dont il faudrait bientôt pousser les murs.

Malgré tout, Crapaud accueillait toujours avec excitation de nouveaux venus. Ce ballon, je lui expliquai qu'il avait appartenu à son papi. Un ballon longtemps égaré mais qui venait de retrouver son chemin. La plus longue passe qu'il m'ait été donné d'observer.

Je lui promis de lui raconter l'intégralité de l'histoire lorsqu'il sentirait pousser un début de duvet sur son menton. En attendant, Crapaud n'avait pas à tout savoir. Ce ballon de foot de grands, il l'essaierait dès mercredi dans le jardin de la maison.

La transmission.

Voilà ce qui m'avait échappé à mes douze ans.

L'idée qu'il valait mieux tendre la balle aux autres plutôt que d'espérer la réceptionner. Cet héritage retrouvé me servit de piqûre de rappel. Ma vie n'était pas aussi merdique. J'étais paumée, j'en bavais depuis ma deuxième grossesse. Mais j'avais réussi des choses. Recevoir une balle remet les idées au clair. Je n'avais pas été une incapable toute ma vie. De mon couple avec Pierre, du temps passé avec mon père, je ne devais me rappeler que le bon. Garder le meilleur de ce qu'on était. Ne plus voir le verre à moitié vide.

J'avais perdu ma fille, oui. Mais mon fils, lui, je pouvais le serrer contre moi. Il était l'être le plus fantastique que je connaissais. Rien que pour lui, j'étais tenue de ne plus m'effondrer. Je devais estimer mes victoires. Il me fallait regarder ma vie sous un nouvel angle.

Fin septembre 2023

— Allô, Emma ? Je suis désolé de t'appeler si tard… Crapaud a 40 °C de fièvre.

— Merde.

— Je ne sais pas quoi faire. Et encore, je n'ai pas trop osé enfoncer le thermomètre dans son oreille. Je suis sûr qu'il a plus… il est bouillant ! Tu peux venir m'aider ?

— Euh, OK, Pierre. Il doit faire une otite comme d'habitude, ne panique pas... Tu as vu des gamins malades dans sa classe? Putain, mais quelle plaie l'école! À peine trois semaines depuis la rentrée et il a déjà chopé un truc... Tu lui as donné du Doliprane?

— Oui, il y a dix minutes.

— OK, attends que ça agisse, ça devrait faire baisser la température. Appelle SOS Médecins et fais-lui boire de l'eau. Je saute dans un Uber, j'arrive.

Pour que Pierre compose mon numéro, consciemment, un vendredi soir, d'ailleurs n'importe quel soir tout court, Crapaud devait vraiment être très mal.

Cela faisait bientôt six mois que l'homme avec qui je me voyais passer mes vieux jours m'avait quittée. Hormis nos échanges laconiques au sujet de Crapaud: *Je te l'amène à quelle heure? Tu viens le chercher quand? Ce week-end, ça ne m'arrange pas de le garder, on peut inverser nos jours de garde?* Pierre ne prenait ni ne donnait d'autres nouvelles.

J'avais reçu un texto sans âme pour mes trente-sept ans. Il avait tenté de m'appeler en pleine nuit, une fois. Il devait être bourré. Pour le reste, *niet*. La page semblait tournée. Il s'était trouvé un appartement. Faisait sa vie sans moi. Je ne semblais pas si difficile à oublier.

Je redevenais pourtant indispensable cette nuit-là.

Pierre était la définition même du père «gaga». En adoration devant son enfant. Mais lorsque Crapaud chopait des microbes, il n'y avait plus personne. Pierre se déchargeait de toutes responsabilités. Par simple refus de voir son enfant souffrir. Il craignait de ne pas savoir gérer ses émotions. Un enfant malade générait trop de stress pour lui.

Bon. Je n’étais pas de pierre. Moi aussi mon ventre se tordait à en crever lorsque Crapaud pleurait, vomissait, avait mal. C’était ça la parentalité. S’inquiéter outre mesure pour une vilaine toux, une fièvre qui persiste… Pourtant, il fallait bien faire le job. Être un adulte aux petits soins. Se débiner devant un virus ou au moindre pépin ne résolvait rien.

Toutes les nuits depuis la perte de ma fille, je m'endormais une main posée sur le ventre. Je massais cet amas de chair devenu flasque. Je caressais ma cicatrice. Ce trait qui n'avait pas été tracé droit. La faute à la précipitation.

Cette entaille à la teinte rose pâle me rappelait la fragilité des choses. Elle ne tirait plus, ne grattait plus. Elle s'enfonçait par endroits. Un petit boudin de peau, de graisse, s'était formé sur le dessus. Cette cicatrice était *belle* d'après tous les soignants. Ils aimaient dire ce mot pour en parler. Moi, je la trouvais insensible. Inhumaine. Je me sentais scarifiée, marquée par la mort. Je trimbalais à vie la trace de l'insuccès.

Je ne savais pas très bien ce que m'apportait ce rituel : me coucher, glisser ma main sous le drap et tripoter cette parcelle de mon corps mutilé. Était-ce pour me persuader de ne pas avoir tout inventé ? Par crainte que la cicatrice se soit réouverte dans la journée ? Était-ce ma façon de me reconnecter à mon bébé ? Il m'arrivait encore de sentir des petits coups dans le bas-ventre. Il était pourtant vide depuis la césarienne. L'esprit nous renvoie parfois des drôles de sensations à la gueule…

Après avoir enfilé un jean et une paire de baskets, j'attendis mon chauffeur Uber. Pierre m'avait sortie du lit. Son appel ce soir de septembre, j'avais songé à le laisser sans réponse, avant de me raviser. Il était vingt-trois heures. J'arrivai devant son nouvel appartement. J'espérais que la fièvre de Crapaud avait baissé. Je laissai mon doigt appuyé sur l'interphone de l'immeuble. Pierre ne m'avait pas précisé de ne pas sonner. Et si Crapaud dormait ?

Quelques étages plus tard, gravis sans gérer mon souffle, je me dis que ma forme physique n'était pas au top. Je devais songer à reprendre le sport. Lorsque Pierre ouvrit la porte de son nouveau chez-lui, son visage se détendit instantanément. Et moi, j'étais rouge écarlate.

— Merci d'être venue si vite, Emma.

— Tu n'as pas à me remercier…

Je repris ma respiration puis ajoutai :

— Comment il va ? Il est où ?

— Il somnole dans sa chambre. Entre.

Je découvris son territoire. Pierre s'était reconstruit des repères sans moi. L'entrée de son appartement donnait sur un espace salon-cuisine. Rien d'exceptionnel, une pièce fonctionnelle. La décoration était maigre mais soignée. Je notai la présence de bibelots, de livres inconnus. L'idée qu'il puisse vivre ici avec une autre me donna un haut-le-cœur. Le texto de Mona qui disait avoir vu Pierre collé à une femme dans un bus n'était pas digéré. Je demandai à voir Crapaud pour me recentrer sur la raison de ma venue.

Sa chambre comportait tout ce qu'il aimait. Pierre avait posé un papier peint orné de dinosaures sur un pan de mur. Les jouets s'entassaient. Des livres sur les dragons, les chevaliers, les requins, les volcans étaient disposés dans une petite bibliothèque. Une étoile lumineuse accrochée au-dessus du lit créait une ambiance douce. Pierre avait mis le paquet pour que Crapaud se sente *comme à la maison* dans ce logement provisoire.

Pierre me chassait de son cœur mais il n'en avait jamais exclu son petit Prince.

Je me jetai au pied du lit de Crapaud. À genoux, je déposai mes lèvres sur son front. La fièvre baissait, il transpirait. Je lui retirai sa couette et murmurai :

— Maman est là, chaton, le docteur va bientôt venir… Rendors-toi, maman est là pour toi.

Pierre détestait quand je me mettais dans cette posture de sauveuse avec notre fils. Comme si tout allait subitement s'arranger puisque j'étais enfin là. Il avait composé mon numéro, certes… mais nous avions encore tant de choses à régler. Nous évitions de croiser nos regards en guettant l'arrivée du médecin de nuit. Pierre et moi étions assis sur le canapé convertible du salon dans un silence de plomb. Nos deux corps figés. Je ne me rappelais pas m'être sentie un jour mal à l'aise avec lui. Il fallait bien une première.

Lorsque la sonnette retentit, Pierre se leva d'un bond pour ouvrir. Sauvés par le gong. Je nous trouvais si ridicules… Après avoir examiné Crapaud, le médecin conclut sans grande surprise à une rhinopharyngite ayant dégénéré en double otite. À force d'en faire, le petit ne hurlait même plus de douleur. Il restait apathique. Assommé par la fatigue et les pics de température. Le médecin, bienveillant, gardait dans sa besace quelques flacons d'Amoxicilline pour les jeunes patients qu'il trouvait mal en point pendant sa garde.

— Ils tombent comme des mouches en ce moment. Vive la collectivité ! nous lança-t-il en rédigeant l'ordonnance. Voici un flacon pour lui donner une dose maintenant, le reste du traitement vous pourrez aller le chercher tranquillement demain matin.

Conscients du luxe de ne pas devoir arpenter Paris de nuit en quête d'une pharmacie ouverte vingt-quatre heures sur vingt-quatre, nous avons donné l'antibiotique à Crapaud avant de le border et de remercier le médecin.

*

Aux alentours d'une heure trente du matin, Crapaud s'était rendormi dans son lit. Pierre, soulagé, m'offrit son premier vrai regard. Les yeux dans les yeux. Il me proposa une tisane, désireux de prolonger le moment. La raison aurait voulu que je commande un Uber pour rentrer à la maison.

J'acceptai son pisse-mémé, même si un breuvage plus costaud m'aurait convenu. Je commençais à me détendre. Poser un diagnostic sur les gémissements d'un enfant, savoir comment le soulager, cela adoucit le stress. En me tendant une tasse fumante, Pierre sortit de son mutisme. Droit, en face de moi, il se jeta à l'eau :

— J'aimerais qu'on discute.

— OK… Je dois me préparer à passer un sale quart d'heure ?

— Qu'on discute sérieusement, Emma.

D'un coup, je me sentis froussarde. La discussion que j'attendais, celle qui répondrait à toutes mes questions depuis son départ, allait avoir lieu. En pleine nuit. Avec Crapaud malade à côté… Je pris un instant pour me lever et faire comme si je me trouvais chez moi. J'ouvris le congélateur de Pierre pour en sortir plusieurs glaçons. Il sourit.

Il savait que j'aimais plonger des cubes gelés dans chacune de mes boissons.

— Je t'écoute, Pierre…, dis-je en me rasseyant sur le canapé. Ça me fait bizarre que tu prennes un ton aussi solennel avec moi ! S'il te plaît, détends-toi. On n'est pas des inconnus… Tout ce qu'on a vécu ne peut pas être oublié. Tu sais que tu peux tout me dire.

— Je sais. C'est justement parce que je tiens à toi que c'est difficile.

— OK...

— Je suis désolé, Emma. Déjà, pour commencer, il faut vraiment que je m'excuse... Alors : pardon. Je n'aurai jamais dû me barrer comme ça. J'aurai dû t'appeler plus souvent et pas seulement pour organiser les affaires de Crapaud.

— Ça m'a blessée en effet que tu m'aies effacée si vite de ta vie. Que tu n'aies pas eu le courage d'appeler un chat, un chat. Pierre, tu m'as quand même sorti l'excuse bidon d'une pause alors que tu voulais simplement rompre... Tu n'aurais pas pu être honnête ?

— Je ne t'ai pas rayée de ma vie, qu'est-ce que tu racontes ? Je n'ai jamais voulu te quitter. J'avais besoin de temps, je te l'ai dit. Je pensais avoir été clair. Je devenais barge.

— On ne s'est jamais autant engueulés qu'après avoir perdu la petite, je suis au courant. Mais... pour moi, ce n'était pas une raison pour fuir.

— J'ai eu peur de vous faire du mal.

— Comment ça ? En restant à nos côtés ? En traversant cette crise à deux ? Sans briser ce qu'il restait de notre famille ?

— Arrête.

— Je ne t'ai pas mis la corde au cou, on s'est toujours donné l'opportunité de partir si ça déraillait entre nous. Juste, souviens-toi, c'est toi qui m'as fait la promesse de ne jamais me laisser seule, bordel ! Et puis j'allais mal, je vais toujours mal... On n'abandonne pas sa chérie en pleurs, après avoir traversé une si grosse tempête.

— Il faut que tu m'écoutes, Emma. Je suis d'accord avec toi. Avec tout ce que tu dis. Je n'aurai pas dû quitter la maison, je sais. Mais tais-toi cinq minutes que je m'explique.

Nous ne nous étions jamais balancé nos quatre vérités en chuchotant. C'était chose faite avec Crapaud à proximité.

Ni lui ni moi ne pouvions hausser le ton. Augmenter les curseurs du *drama*. C'était tant mieux. Se disputer dans une bibliothèque est peut-être le remède à toutes les querelles de couple. Canaliser nos voix forçait l'écoute. Et s'écouter, ces derniers temps, avec Pierre, nous ne l'avions plus fait.

— J'ai eu honte, Emma. Je suis désolé. Je me suis dégoûté…

— Comment ça ?

— Je ne voulais pas t'en parler mais, pendant des semaines, je faisais des rêves atroces dans lesquels je volais le corps de notre petite fille pour le jeter à la poubelle. Je faisais tout pour m'en débarrasser. Je voulais qu'elle disparaisse…

— Ce n'étaient que des mauvais rêves, Pierre.

— Je suis un père horrible.

— Tu voulais juste que toute cette histoire n'ait jamais existé.

— Mais elle a existé ! Elle a vécu quelques minutes notre fille. Et je n'ai pas eu le courage d'être auprès d'elle pour son dernier souffle. Quand il n'y avait que moi pour le faire… Et après, quoi ? Après, je rêve que je me débarrasse d'elle ! Je me suis dégoûté ! Je te jure… Quel père a ce genre de pensées ? De rêves dégueulasses ?

— Un père qui ne va pas bien. Qui n'accepte pas ce qui nous est arrivé… Pourquoi tu n'as juste pas pleuré avec moi, Pierre ? C'est d'une injustice folle d'avoir perdu notre bébé, surtout après ces mois où l'on s'est battu contre ce placenta de merde… mais normalement, on devait être deux pour guérir. Pour se soutenir et traverser cette épreuve.

— Je craignais de perdre la tête. De te faire plonger avec moi... Physiquement, je sais que je n'ai pas vécu la même chose que toi et je crois que je ne me sentais pas légitime de t'exposer mes problèmes. Emma, je suis tellement désolé... Ces rêves sont passés maintenant. Je vais de mieux en mieux. Je pleure simplement d'avoir tout gâché avec toi et Crapaud.
— On restera toujours une famille qu'on soit en couple ou non.

Je savais que ce que je lui disais était faux. Pierre avait brisé quelque chose de précieux en claquant la porte de notre maison. Ma pleine confiance en lui. Pour lui pardonner, il faudrait plus qu'un *mea culpa*. Ma tisane était froide. Pile comme j'appréciais de la boire. Je profitai de cette première vraie discussion depuis notre rupture pour me débarrasser à mon tour d'une sale histoire.
— Tu sais, ta cousine Astrid ?
— Oui.
— Eh bien, moi aussi, j'ai rêvé de m'en débarrasser à Noël dernier...
— Quoi ? Qu'est-ce qu'elle a fait encore ?
— J'étais tranquillement en train de déguster mon foie gras, auquel normalement je n'aurais pas dû toucher... puisque, si la grossesse s'était bien déroulée, j'aurais été encore enceinte à cette période-là. Et cette dinde est venue se confier à moi sur son regret d'être mère !
— Sérieux ?
— Oui, sérieux. Elle m'a littéralement jeté ses névroses au visage. Sans songer une seconde à ce que je venais de traverser deux mois auparavant. Elle m'a balancé texto : « Je n'aurai pas dû être mère, je regrette.

J'ai tout fait, mes filles, mon mariage, par pression sociale. Pour ne pas décevoir les gens autour de moi… »

— Mais quel culot de te dire ça !

— C'est une sacrée garce, oui. Et pour rester dans l'indélicatesse : son mari, qui ne m'a pas vraiment adressé la parole de la soirée, est juste venu me donner une petite leçon de conduite par rapport à Crapaud…

— Comment ça ?

— Les enfants jouaient entre eux, à descendre et monter, de l'étage au salon, et je ne lâchais pas Crapaud d'une semelle. J'avais peur qu'il se vautre dans les escaliers. Normal. Et tu sais ce qu'il m'a sorti ? Que j'étais trop derrière le dos de mon fils… Qu'il fallait que je me détende ! Que je me détende !

— Le con.

— Le con, oui… Donc, je lui ai rétorqué qu'il ne pouvait pas me comprendre. Il ne saurait jamais ce que c'était que de perdre un enfant et d'avoir la trouille de perdre l'autre. Et que… j'étais envahissante avec mon fils si je le voulais !

Pierre me dévisageait avec fierté. Je venais pourtant de rapporter des horreurs sur deux membres de sa famille. Une réflexion de Crapaud me revint soudain : *Un, deux… douze, treize… cinquante… on peut compter toute notre vie maman, tu le savais ? Ça ne s'arrête jamais !* Mon fils m'avait exposé à sa façon, la semaine dernière, la notion d'infini. À quatre ans, il m'avait mise face à ma tendance à ressasser ; à réfléchir en boucle.

Avec Pierre, j'étais en mode *repeat*. Je pouvais continuer *toute ma vie* à lui en vouloir d'être parti. Ou bien je pouvais décider d'essayer de comprendre les raisons de sa fuite.

Ce soir-là, nous avions chacun d'énormes sacs à vider. Nous rafistolions ce qu'il était encore possible de rafistoler en causant beaucoup. Nous exprimions enfin ce que nous ne nous étions jamais confiés sur ce qui arriverait après. Après cette perte qui nous avait esquintés. À peine rentrés du service des grossesses à haut risque de Montreuil, les bras ballants, il nous avait fallu concevoir un autre futur. Comment aurions-nous pu redevenir les Pierre et Emma d'avant ? Nous n'avions plus le même rythme. Les mêmes attentes. Nous craignions pourtant tous deux d'être heurtés de nouveau par un drame.

Pierre me raconta ses difficultés à ne pas se sentir en décalage lors de son retour de l'hôpital. La vie ne s'était pas arrêtée. Elle avait continué à pleine vitesse. Elle ne ralentissait jamais sa cadence, pas même lorsque des parents perdent un bébé. Il se sentait pestiféré. Toujours un pas derrière les autres. Essoufflé de devoir rattraper un temps qui l'avait tenu éloigné des vivants. Il me souffla ses crises d'angoisse à la pharmacie, lorsque j'étais encore trop affaiblie par la césarienne pour acheter mes traitements seule. Il avait essuyé les questions dérangeantes de la pharmacienne :

— Votre femme allaite ou pas ? Car ce médicament ne peut pas être donné aux mères allaitantes !

De brefs échanges qui l'avaient rendu blême. Sans s'effondrer, il avait alors dû expliquer que l'accouchement n'avait pas mené au bonheur attendu. Répéter encore et encore. Courir pour éviter de croiser des voisins dans la rue, pour ne pas avoir à répondre *oui* à un *ça va ?* pour ne pas mentir une énième fois… Pour ne pas avoir à raconter encore la perte de notre fille. Avoir à se justifier.

Je découvris tout ce qu'il avait tu pour me protéger au sortir de l'hôpital. Je lui livrai en retour la honte qui m'habitait depuis la césarienne. Ce sentiment d'être pointée du doigt, de ne pas être une femme comme les autres. D'avoir été humiliée en devenant une de ces mères sans bébé.

Ce soir-là, avec Pierre, nous avons enfin décidé d'ouvrir nos cœurs meurtris.

Ce soir-là, ensemble et sans élever la voix, nous avons pleuré une rivière de larmes.

Une nuit sur son épaule

Fin septembre 2023, appartement de Pierre

Je nous revoyais à nos premiers rendez-vous.

Ce soir-là, lorsque j'avais accepté de prendre une tisane chez Pierre, nos bouches ne s'étaient plus arrêtées de parler. Nous avions le comportement de jeunes fiancés se chuchotant leurs faiblesses pour mieux s'apprécier. Depuis cette *pause* imposée par Pierre, nous avions tous deux clairement manqué d'un réel confident.

Malgré mes amies, mon *partner in crime* avait toujours été Pierre. Il connaissait des facettes de moi dont même Charlotte n'avait pas idée. Cette nuit de septembre, l'inquiétude pour Crapaud retombée, Pierre me proposa de rester dormir. C'était si étrange d'entendre l'homme qui avait partagé ma vie plus de dix ans et dont j'étais tombée enceinte deux fois me dire ces mots. *Il est déjà tard, tu veux passer la nuit ici ?* Nous avions dormi plus de nuits ensemble qu'avec quiconque. Nous allonger côte à côte sur un lit nous paraissait naturel. J'acceptai l'invitation à dormir et découvris ainsi la seconde chambre de l'appartement.

Je m'aperçus d'ailleurs assez vite qu'il n'y en avait pas de troisième. Si une autre femme venait ici, elle couchait aussi dans le lit de Pierre.

Je me glissai encore habillée sous une couette en lin. Pierre prit place de l'autre côté du lit. Nos corps se connaissaient par cœur mais je faisais preuve de pudeur. Toujours en chuchotant pour ne pas réveiller Crapaud, j'informais Pierre des derniers potins de mon groupe d'amies. Mona attendait un enfant avec Arnaud, son meilleur ami gay. Pierre n'était pas surpris ; Mona aimait ne rien faire comme tout le monde. Je lui décrivais mon malaise de jalouser sa grossesse épanouie. Mon impatience aussi de retomber enceinte. Je lui parlais de cette séance chez une voyante que les filles m'avaient offerte. De mon colis surprise d'un lecteur, de Hugh Grant et de son trench…

Progressivement, nous laissions s'immiscer des silences dans nos confidences nocturnes. Les blancs ne nous gênaient pas. Nous n'en étions plus à ce stade. Tous deux allongés sur un côté, nos visages se faisaient face. Pierre me prit la main gauche pour l'enserrer et l'embrasser. Nous avions été tant secoués ces derniers mois qu'il nous avait échappé de nous consoler.

Je me laissais faire, ses lèvres sur ma peau. La chaleur de son souffle sur ma main. Je touchais sa joue droite, l'entourais de ma paume. De mes doigts. Pierre fermait les yeux. Je sentais les poils de sa barbe me piquer. Je lui caressais le bas de la nuque, ses cheveux, le haut de son dos. Son corps se rapprochait du mien doucement. Il rouvrit les yeux pour me dire d'un regard tout l'amour qu'il portait encore en lui. Nos fronts collés. La couette vers nos pieds. Je sentais le désir monter, une pulsion dans mon bas-ventre. Pierre m'enlaçait. Il m'embrassait le cou.

Je tremblais, je ne voulais plus gamberger.

Je copiais ses gestes, lui rendant chaque pression, chaque frottement, chaque contact entre nos deux corps. Nos bouches finirent inévitablement par se rencontrer.

Nos langues ne s'étaient plus goûtées depuis longtemps. Pierre continuait de me déshabiller. Chacune de ses actions me filait la chair de poule. Je voulais le voir nu. Je tirai sur son caleçon. Il baladait ses doigts sur mes seins… puis sur le bas de mes cuisses avant de remonter vers mon entrejambe. J'aurai pu m'évanouir. Notre soif l'un pour l'autre était intense. Nous taisions nos râles. Dans la pénombre, nous espérions dissimuler ces retrouvailles. Suspendre ce temps rien qu'à nous.

L'affaire aurait pu s'arrêter là. Nous savions notre attirance encore brûlante. Tout n'était pas éteint entre nous, c'était rassurant. Tout n'était pas mort avec notre fille.

Pierre me demanda si j'allais bien, si je voulais continuer. J'aimais qu'il se pose la question. Que nous marquions un temps d'arrêt pour réaliser ce que nous nous apprêtions à refaire. Ce que nous avions déjà fait des centaines de fois et qui pourtant nous paraissait un grand pas ce soir-là. Je me jetai sur Pierre. Je laissai éclater mon besoin de le sentir en moi immédiatement.

Je voulais qu'il soit aussi dur que j'étais mouillée. Qu'il m'étreigne fort, active ses hanches. Je mourais de chaud. Nous étions essoufflés, nous ne pouvions plus nous lâcher. Cette nuit, nous avons fait l'amour comme pour la dernière fois. Comme si une fin du monde nous pendait au nez. Avec puissance, avec avidité, avec feu. En sourdine. Enfouissant nos sons comme pour ne pas être pris en flagrant délit.

*

Aux aurores et sans avoir vraiment fermé l'œil, je m'enfuis sur la pointe des pieds. Je ne réveillai pas Pierre et quittai l'appartement telle Cendrillon. Je savais qu'il fallait déguerpir avant que le charme ne s'estompe. J'avais pris soin de lacer mes baskets, de ne rien laisser derrière moi. Hormis mon fils, encore endormi, épuisé par la maladie.

Je ne regrettais rien de mon rapprochement nocturne avec Pierre… mais je ne serais pas celle qui enverrait le premier texto. J'ai pourtant rarement été de ces filles qui refusent le premier pas, qui estiment la gent masculine responsable de proposer une suite. Cette fois, c'était différent. Pierre avait déjà battu en retraite. Il m'avait déjà déçue et lors de notre pire bataille. Je ne voulais pas courir le risque de me tromper d'allié à nouveau.

Ce serait à lui de faire le prochain mouvement dans ma direction. Que je me sois abandonnée dans ses bras, consentante, la nuit dernière ou pas. Il était temps que je me forge une carapace moins perméable avec lui. Et puis, j'avais l'impression qu'il en pinçait encore pour moi. Je ne prenais pas grand risque à attendre.

Début novembre 2023

Il y a des jours où l'on se sent vraiment conne.

Conne d'avoir replongé tête la première. D'avoir cru que les fêlures d'un homme pouvaient décupler sa sincérité. Quelle tache, quelle cloche ! Quelle abrutie, je faisais !

Déjà plus d'un mois depuis mon séjour dans le lit de Pierre et autant de nuits à freiner mes envies de provoquer une engueulade par téléphone. Il a cru quoi ? Qu'il pouvait fermer les yeux sur ses actions ? Ne jamais reparler de cette soirée lourde de confidences ? De cette danse bouillante entre nos deux corps ? J'avais refusé d'être l'instigatrice du premier texto. Celui qui confirmerait que cette nuit avait bien compté. Et… en attendant que Pierre se comporte enfin en adulte, j'observais le *moonwalk* le moins divertissant qui soit. Il s'éloignait de nouveau tous les jours un peu plus de moi. Il m'écrivait pour Crapaud, donner les détails logistiques d'une garde partagée. Mais pour rouvrir son cœur, il n'y avait plus personne.

Pour me dire qu'il avait aimé notre rapprochement, il n'était plus là. Pierre retombait dans ses travers. Le dialogue rompu. L'incompréhension regagnait une place de choix dans notre duo.

Depuis cette nuit fiévreuse de septembre, je ne cessais de me dire que j'avais été la simple maîtresse. Pierre devait s'être recasé avec la fille du bus ou une autre. Il détestait être seul. Il était modelé pour le couple. Du genre *bon à marier*. Le gendre idéal. Moi, je ne l'avais jamais épousé. C'était certainement une erreur. J'aimais qu'il se pavane sans alliance, qu'il puisse doucher d'une eau glaciale celles qui s'approcheraient trop près, songeant avoir déniché leur petit trésor… J'étais ignoble.

Et aujourd'hui, j'étais dépitée.

Cette *pause* inventée par Pierre lui avait certainement servi de terre d'accueil pour femmes célibataires. Un père de famille fraîchement séparé, ça se réconforte.

Je me retrouvais à haïr des tonnes de femmes sans preuve de leur existence. Je ne faisais pas honneur à mon clan. La sororité ne m'était plus qu'un lointain concept. Je redécouvrais la jalousie. Excessive. C'était donc cela l'effet de la distance sur le couple ? Devenir parano, soupçonneux ? J'avais passé seule la date du 19 octobre 2023. Cette foutue date qui me ramenait instantanément en salle d'opération. Cela faisait un an déjà depuis le drame. Que les semaines, les mois passaient vite. Que ma peine n'était pas totalement résorbée… Mais serait-ce un jour le cas ? J'en doutais.

Pierre ne m'avait pas contactée pour cette date anniversaire de la mort de notre fille, alors que lui seul partageait mon désarroi. Traverser cette terrible journée du 19 octobre sans soutien n'avait pas été une mince affaire. Je commençais sérieusement à ravoir Pierre dans mon collimateur. À une époque, j'aurais pu faire disparaître un cadavre pour lui. Aujourd'hui, l'unique corps inerte ayant surgi entre nous brisait notre complicité.

Nous avions perdu la liaison. Trop de parasites brouillaient nos communications… Pourtant, dans le lit l'autre nuit, il n'avait pas menti. J'en étais certaine. Il n'avait d'yeux que pour moi. Je ne pouvais pas m'être laissé berner. Je ne me trompais jamais à ce point-là. Alors, pourquoi ne se manifestait-il pas ? Regrettait-il ? S'était-il vraiment réengagé avec une autre ? Je me désespérais. J'en étais à lui trouver des excuses. Peut-être avait-il été frappé d'amnésie au lendemain de notre nuit d'amour…

J'avais quinze piges à nouveau. Tentant de percer le mystère d'une nuit laissée sans signe de vie au petit jour. Je me remémorais ces fois où j'imaginais un téléphone perdu, un accident de la route, un jeune amant mort subitement… j'étais douée, depuis les débuts de ma vie amoureuse, pour imaginer mille scénarios catastrophes plutôt que d'accepter la réalité. Celle d'hommes aux abonnés absents. Celle des lâches. La raison pour laquelle Pierre ne m'avait pas encore rappelée : c'est parce qu'il se fichait royalement de ma gueule.

Dancing Queen

Mardi 21 novembre 2023

La dernière fois que j'ai vu Mona, elle se réjouissait d'être passée de frêle sirène… à baleine. Son ventre l'empêchait de voir ses pieds. Elle était allée au bout de sa grossesse en refusant la privation. *Du kif pendant neuf mois !* répétait-elle à chaque âme susceptible de lui faire une réflexion sur sa transformation physique.

À nouveau, Mona n'en faisait qu'à sa tête. Elle célébrait ses kilos. Affichait ses formes, ses vergetures, sa cellulite sur les réseaux sociaux. Je n'avais jamais vu de femme si peu complexée. Son corps était son armure, sa fierté, son meilleur allié… Peu importent ses fluctuations, elle le remerciait au quotidien de la rendre puissante.

Mais contrairement aux baleines qui couvent leurs petits plus d'un an, Mona était sur le point d'accoucher. La date de son terme fixée au 25 novembre approchait. Charlotte, Louise et moi étions scotchées à nos téléphones. Nous attendions une alerte de sa part pour accourir à la maternité des Bluets dans le XIIe arrondissement.

Avec les filles, nous étions constamment connectées sur WhatsApp. Nous avions créé, il y a des années, un groupe de discussion juste pour nous quatre. Notre espace privé, notre salon de thé pour nos commérages. Notre défouloir. Ce groupe s'appelait « Les 4 Fantastiques ». Pierre ou n'importe lequel de nos partenaires avait l'interdiction formelle d'y glisser un œil ou une oreille… Nos téléphones notifiaient en permanence des messages, des réactions, des ajouts de photos, des vocaux trop longs pour être écoutés en entier.

C'était notre manière de ne jamais nous quitter. Nos emplois du temps ne nous permettaient pas de nous voir chaque semaine alors pour se tenir à jour des histoires de boulot, de cœur, de famille, c'était l'idéal. C'était notre bulle. De confiance. Notre ligne d'écoute sur laquelle il était possible de pousser un coup de gueule peu importe l'horaire.

Ce mardi 21 novembre à l'heure du goûter, le groupe des 4 Fantastiques vit se produire une entorse à son règlement. Une vidéo de Mona venait d'être envoyée par Estelle. Visiblement, elle avait bénéficié d'un passe-droit. Mona était en plein travail. Sur les images, notre amie dansait sur du ABBA dans une salle d'accouchement.

Sa méthode pour accélérer l'ouverture de son col me fit sourire. Encore du Mona tout craché. Tellement zen dans un moment où la plupart des femmes et des coparents ne font plus les fiers. Elle terminait sa chorégraphie en fixant le téléphone :

— J'ai besoin de mes trois dernières forces ! Ramenez-vous les meufs !

Le coup de sifflet était donné. Mona appelait au ralliement. Charlotte, Louise et moi n'avions plus qu'à plier nos affaires de travail et à nous engouffrer dans le métro. J'allai récupérer Crapaud en vitesse à la garderie de son école et lui annonçai notre nouvelle destination.

*

Peu importe l'adresse, les maternités se ressemblent toutes. En parcourant les couloirs des Bluets, je me revoyais longer ceux des services de Tenon ou de Montreuil. La seule différence était que, cette fois, Crapaud m'agrippait la main. J'étais debout et aucun liquide ne coulait le long de mes jambes.

Les souvenirs me revenaient. Ce genre de lieux, je les connaissais tant. Ils étaient devenus ma seconde maison. Ma cage aseptisée. Je n'avais plus mis les pieds dans un hôpital, une maternité, depuis la fin de ma deuxième grossesse. Passé mon rendez-vous de contrôle, deux mois après la césarienne d'urgence, j'avais choisi de poursuivre mon suivi gynécologique en ville. Sans placenta en moi, sans bébé, je n'abritais plus de pathologie critique…

D'autant que revoir le chirurgien responsable de la nouvelle déco intérieure de mon ventre n'avait pas été un succès. En m'auscultant pour vérifier ma cicatrice, il s'était permis d'évoquer ma fille. Pour lui, toute cette histoire n'était qu'un *accident de parcours*. Une vulgaire *fausse couche tardive*. Malgré son QI certainement élevé, ce jour-là, cet homme ne s'était pas montré plus malin qu'un singe. J'avais accouché trop prématurément, il n'y avait rien de faux dans ce drame.

Là, je venais soutenir Mona. Les blouses blanches, je supporterais de les recroiser pour elle. C'était différent, plein d'entrain. Avec Crapaud, nous arrivâmes les premiers en salle d'attente. Charlotte et Louise nous rejoignirent. Elles aussi envahies par l'excitation. Je reprenais conscience que ces lieux pouvaient accueillir des rires. Ils abritaient d'ailleurs en grande partie des bonnes nouvelles. Des rencontres heureuses.

Estelle et Arnaud, tous deux présents pour se relayer auprès de Mona, nous tenaient informées.

L'accouchement de mon amie se déroulait sans stress. En douceur. Ce bébé ne savait pas encore la chance qu'il avait de compter parmi sa famille deux mères et un père si confiants. Apaisés.

Nous discutâmes ce jour-là, pendant les longues heures d'attente avec Charlotte et Louise, de cette redistribution des cartes. Mona aurait pu se planter en mettant en route ce bébé toute seule. Elle avait compté sur une simple promesse d'adolescence. Elle avait offert sa confiance à Arnaud, son ami, dont elle ne partagerait jamais le lit. Elle avait plongé sans prendre la peine de se mouiller la nuque dans le bain d'une vie de couple avec Estelle. Elle avait parié sur l'amour naissant, sur la tolérance de cette femme le jour où elle apprendrait la grossesse et l'existence d'Arnaud. Mona avait cru à ce triangle magique avant nous tous.

La machine à café des Bluets tournait à plein régime. Crapaud s'empiffrait de bonbons au distributeur. L'ambiance était festive. Nous avions déjà trop pleuré toutes ensemble. Nous étions pressées d'entrer dans un nouveau cycle. Dans cette salle d'attente, nous devenions à l'image de Mona : assurées que tout irait pour le mieux. Pas de raison. Je retrouvais foi en l'avenir. C'était bien mieux la gaieté dans une maternité. J'avais oublié.

Les yeux embués ne vinrent pas annoncer un malheur cette fois : Arnaud, fébrile, nous rejoignit pour prononcer la phrase la plus dingue de sa vie. Mona avait donné naissance à la plus jolie des petites filles. À sa fille.

Mona possédait tout ce dont j'avais été privée. Elle avait connu neuf mois de joie, sans tremblements. Son bébé respirait. Seul. Longtemps. Pour toujours. Mona était ma *dancing queen*. Ma copine qui avait dansé, fabuleuse, lumineuse… jusqu'à la délivrance. Elle faisait étalage de tout ce qu'une grossesse peut compter de beau. Sa réalité l'attestait : mon désastre n'était pas une norme.

Je n'étais pas certaine de ma réaction en prenant sa fille dans mes bras. Comment ne pas penser à la mienne ? Son petit bracelet rose en plastique accroché au pied me paraissait identique. Devant l'insistance de Crapaud, je m'assis pour porter le bébé de Mona. Il pouvait ainsi lui caresser les joues en même temps…

Voir Crapaud fondre devant un nouveau-né me rassurait. Il n'avait pas été dégoûté par sa sœur. Mon cœur débordait d'amour. Les minuscules doigts fripés, l'adorable tenue de naissance, tout me plaisait chez la fille de mon amie. Elle semblait si calme. Comme sa mère. En frôlant son crâne parsemé de cheveux noirs, je ne pus m'empêcher de songer à la mienne.

Je ne savais pas si ma fille était née poilue.

Je ne savais pas grand-chose d'elle, finalement…

Le bébé de Mona dans mes bras… je comprenais que je n'avais plus touché de nouveau-né depuis longtemps. C'était si petit. Ma fille devait mesurer la moitié de la taille de celle de Mona. Je pensais à son poids aussi : 480 grammes… Comment aurais-je pu ne pas m'effondrer en berçant un être six fois moins lourd que celui que je tenais là ? Comment imaginer que mes mains ne l'auraient pas réduite en miettes ? Ma fille, si fragile, si inadaptée à notre monde. Tenir le bébé de Mona me confortait dans mes choix : j'avais bien fait de ne pas rencontrer le mien. Impossible. Mona, Louise, Charlotte, Arnaud, Estelle et même Crapaud scrutaient mes moindres réactions. À l'affût d'un signe. D'une larme leur signalant de m'ôter le nouveau-né des bras.

D'un sourire, je leur assurai que je n'allais pas craquer. Bisouiller son front me faisait un bien fou. Le contact avec la fille de Mona me procurait une sensation de bien-être. La réponse à tous mes maux se trouvait là. Dans ce désir qui n'avait pas faibli de posséder moi aussi mon modèle miniature en parfaite santé.

J'aurai pu kidnapper le bébé de Mona tellement j'en aimais l'odeur, la peau, les mouvements de succion des lèvres. Mona venait de créer le premier exemplaire 100 % réussi depuis ma démonstration d'infortune. Et nous serions les prochaines à goûter à ce délice. Nous le comprenions face à ce berceau : Charlotte pourrait bien un jour être mère pour la première fois, Louise ou moi à nouveau... Nous regardions toutes les trois ce bébé à la fraîcheur incontestable telle une part de gâteau après un régime strict. Mona sublimait toujours tout et sa fille, digne héritière, détenait déjà le pouvoir de relancer la natalité autour d'elle.

Je décelai une étincelle dans les yeux de Charlotte. Elle martelait vouloir préserver ses libertés avec une vie sans enfants... mais je ne l'avais jamais vu regarder quelqu'un si intensément. Louise ne faisait aucun mystère sur ses espoirs de retrouver l'amour et un ventre arrondi. La voir émue n'étonnait personne.

Il n'y avait que Mona pour me remuer autant et parvenir à colmater mes dernières fissures. Depuis la mort de ma fille, je disais être pressée, je craignais le temps qui défile, l'incertitude d'une autre grossesse me rendait nerveuse. Mes amies savaient le flou dans lequel je tentais de garder un cap. Mes déboires avec Pierre. L'interdiction de retomber enceinte avant douze mois post-césarienne. Un an que je me comportais comme une toxico en manque d'un bébé. Un coup euphorique, un autre pleine de suées. Pour me sevrer de ma fille, je n'avais jamais songé une seconde qu'une dose de nourrisson fonctionnerait. Au contraire, j'avais fui les espaces bondés de bébés. Je pensais qu'ils me fileraient la nausée. Plus d'un an que je me disais que la vision d'un nouveau-né me ferait détaler illico. Je savais mon corps prêt à s'élargir à nouveau… tout en me pensant inapte à fréquenter l'objet de ma convoitise.

Avec sa fille, Mona bousculait toutes mes distances de sécurité. Elle m'offrait de renifler, d'étreindre, de lorgner de près ce poupon. Elle rendait palpable le fantasme. *Bientôt ce sera mon tour à nouveau*, dans ma tête ces mots tournaient en boucle. J'avais fait le deuil de ma fille mais pas celui de donner la vie.

J'ai demandé à la lune

Fin novembre 2023

Il m'aura fallu plus d'un an pour ranger ma rage au placard. Tous ces longs mois pour tenter de pardonner à Pierre sa fuite, ses silences toujours d'actualité, pour dompter ma culpabilité, mes pleurs, mon impatience, pour apprivoiser mon nouveau corps. Pour approcher sans amertume un bébé en parfaite santé. La naissance de la fille de Mona avait été un déclic.

À peine était-elle sortie du ventre de sa mère que je me proposais en baby-sitter, sautant sur la moindre occasion de donner un biberon, changer une couche. J'avais merdé en jalousant Mona à l'annonce de la grossesse, je le savais bien. J'avais mal ciblé ma victime. Mon amie ne me volait rien. Je tentais de rattraper le coup par ma présence.

J'avais été si bête de croire que Mona me piquait ma place et celle que mon bébé aurait dû prendre. Sa fille, au contraire, pourtant la seule personne autour de moi à ne rien savoir me raconter, m'offrait tout un jeu de clés pour déverrouiller mes dernières peurs.

S'il était une caractéristique que j'avais bien intégrée en tant que mère endeuillée, c'était la méfiance. Depuis ma césarienne, j'étais morte de trouille pour un rien. Terrifiée à l'idée de rechuter, de revivre un drame. Angoissée quand il me semblait m'en remettre au hasard. Stressée par la poisse que j'imaginais me coller à vie. Je flippais aussi d'oublier ma fille si j'avais la chance d'en avoir encore une, vivante. Tenir le corps chaud du bébé de Mona me confrontait à ce que je désirais le plus et, dans le même temps, à ce qui me filait la pétoche. Comme il était conseillé aux phobiques de l'avion de rejoindre le cockpit d'un simulateur de vol, je restais à proximité de cette toute-petite pour grapiller du courage. Elle me détendait et décuplait mes forces.

À partir de maintenant, je décidais également de changer de comportement. D'arrêter de snober mes collègues enceintes ou de soupirer en voyant une poussette Yoyo avec habillage nourrisson. Je ne voulais plus grimacer devant une publication Instagram annonçant une naissance réussie. La joie des autres devait m'inspirer et non plus me miner.

Je savais qu'il me restait très peu de murs à abattre pour revoir un panorama sans touche de gris. Il fallait m'accrocher ; que je me force à écrire ces prochains chapitres de ma vie, même célibataire… Je ne pouvais surtout pas baisser les bras maintenant. Pas après avoir réalisé ces derniers jours, la fille de Mona au creux de mes bras, que j'étais encore indispensable. Utile. Pas après avoir senti mon cœur tambouriner à son contact. Ce bébé avait réveillé en moi des choses que je pensais éteintes. Ma deuxième grossesse m'avait démolie mais pas paralysée. Je tremblais de tous mes membres mais j'aurais un avenir. Certaines futures mères qui ont saigné n'auront jamais cette chance.

Je m'obligeais à tout essayer, à vivre pleinement pour améliorer la cicatrisation. Le bout du chemin était proche. Dans mon viseur… J'avais déjà accepté de rencontrer un homme choisi par Charlotte sur une application de rencontres, j'étais sortie de ma zone de confort. Il me restait à présent cette séance de voyance, cadeau de mes amies pour mes trente-sept ans, à honorer. Des mois que je repoussais le moment de composer le numéro et de rencontrer cette fameuse Étoile sans nom. Par crainte, évidemment. Et si le don de cette femme était réel ? Si elle m'annonçait pire que ce que je venais de traverser ? Je n'étais et ne serais plus jamais la même femme qu'avant ces litres de sang déversés. Facile à prédire. Qu'ajouterait-elle à cela ? Il était temps de se lancer.

Je me rendis seule un jeudi après-midi dans le quartier du Marais pour une conversation avec cette diseuse de bonne aventure.

Jeudi 30 novembre 2023

Je m'attendais à tout sauf à ça. À peine arrivais-je à l'adresse indiquée par téléphone que j'étais déçue. La faute à trop de fictions probablement. Dans mon esprit, les voyantes exerçaient dans la pénombre de roulottes gitanes. Un univers codifié à base de tissus à motifs, de tapis dépareillés, d'une table circulaire supportant boule de cristal et bougies… Je m'étais toujours figuré une femme brune à l'âge incertain assise sur un tabouret, ses mains striées de lignes actant de ses nombreuses vies. Eh bien non ; je me retrouvais à pousser la porte cochère d'un hôtel particulier. Je marquai un temps d'arrêt pour admirer les lieux. Je savais le IVe arrondissement de Paris devenu le repaire d'artistes aisés mais la voyance avait visiblement connu, elle aussi, de très belles heures.

Un peu à regret, je délaissai mes visions de décors bohèmes et m'engouffrai dans ce bâtiment bourgeois. Au troisième étage, après m'être refusée à prendre l'ascenseur pour apprécier les moulures, les boiseries, l'élégant tapis rouge des escaliers et les barres de laiton sur chaque marche, j'appuyai sur un vieux bouton-poussoir. Aucun nom n'était indiqué. Juste une étoile dorée qui paraissait gravée depuis une éternité au-dessus de la sonnette de la porte. *Cette Étoile sans nom avait bien bossé sa présentation*, pensai-je.

Mon étonnement devait se lire sur mon visage lorsqu'une dame courte sur pattes, fluette et blonde, m'ouvrit. Encore une fois, je ne savais pas pourquoi, je m'étais toujours représenté les voyantes comme des femmes aux hanches larges, rassurantes. Elle m'invita à déposer mes affaires dans l'entrée avant de me faire signe du bout de ses doigts de la suivre au salon. Les plafonds de la pièce étaient hauts, le parquet en croix, un canapé de velours faisait face à une cheminée. Dans un coin, proche d'une fenêtre sans rideau, un bureau en bois brun était entouré de deux fauteuils modernes. Je pris place face à cette voyante, L'Étoile sans nom. Elle ne savait rien de moi. Je ne lui avais communiqué ni mon identité, ni la raison de ma venue. Je n'allais tout de même pas lui donner de quoi fouiller sur Internet.

— Je vois des larmes… du sang ? Vous avez souffert. Une maladie, peut-être ? En tout cas votre corps et votre âme semblent avoir trinqué dernièrement. Je me trompe ?

— Euh oui… Enfin non. Vous avez raison. J'ai pas mal souffert ces derniers mois.

— C'est bien ce que je me disais. Les cartes voient toujours juste, vous savez.

La séance se déroula dans une quiétude quasi religieuse. Cette femme, dont je ne connaîtrais jamais le nom, c'était son plan marketing, déployait son meilleur jeu de dupes en économisant ses mots de manière à susciter ma curiosité. Les cartes de son tarot avaient dit vrai en me devinant éprouvée, en sang. Mais fallait-il un talent précis – hormis celui de bien formuler – pour entrevoir de la casse chez une adulte venue de son plein gré au domicile d'une voyante ? Je transpirais l'échec, je m'en rendais bien compte. Les estimations climatiques n'intéressent que ceux passés à un cheveu de la noyade…

Elle me demanda ma date de naissance. J'hésitais à lui dire la vérité. Saurait-elle si je mentais ? Elle tint ensuite à ce que je pose une question afin d'être plus précise dans ses prédictions. Je restai floue en lui expliquant simplement ma nécessité d'éclaircir mon horizon… Afin de mieux *voir*, elle me suggéra d'ôter la bague que je portais et de la lui prêter. Quitte à vivre cette expérience, je prenais part au jeu. Elle dirigea l'anneau serti d'une pierre de lune et de deux diamants vers sa main gauche. Cette bague était un cadeau de Pierre pour l'un de mes premiers anniversaires après la naissance de Crapaud. J'y tenais beaucoup, et la voir au doigt d'une autre me fit un pincement au cœur.

— L'amour n'est pas fait pour être confortable, lança-t-elle en tentant une improbable connexion avec mon précieux sur son annulaire. Sinon tout le monde aurait déjà trouvé le jean parfait à sa taille…

Elle sourit, satisfaite de sa sortie. Je me demandais de plus en plus ce que je faisais ici. Cette femme me rappelait des actrices croisées lors d'interviews. Elle maîtrisait l'art de minauder. Elle planta soudainement son regard dans le mien :

— Vous ne le prenez pas très au sérieux mais il n'est pas fini, cet amour… même si vous pensez en avoir fait le tour. Il est même, quelque part, en train de s'installer pour de bon en vous.

Ces quelques phrases prononcées en me fixant me firent me lever d'un bond. OK, c'était du pipeau. Il n'était pas dur d'imaginer quelqu'un de mon âge traverser des soucis de couple. Elle n'avait d'ailleurs pas flairé le prénom de Pierre, ni l'existence de Crapaud. Mais quand même, j'étais troublée.

Je m'installai sans demander l'autorisation sur le canapé du salon. J'avais besoin d'une minute de répit. M'extraire de l'étrangeté de ce moment. Je regardai mes pieds, embarrassée. La voyante me rejoignit d'un pas léger. Elle me rappelait les histoires de fantômes, son corps ne produisait aucun son en mouvement.

— C'est normal d'avoir peur, dit-elle en me rendant ma bague.

— Je n'ai pas peur. Vous avez juste abordé un sujet sensible.

— Écoutez, je sens votre réticence. J'ai bien saisi que vos amies vous ont offert cette séance de voyance pour rire… Alors je vais abréger vos souffrances : de ce que j'ai senti… vous allez faire des rencontres déterminantes, si ce n'est déjà le cas et vous allez utiliser vos cicatrices pour rassembler, pour en guérir d'autres.

— OK.

— Vous aiderez des femmes et finirez par pardonner au chaos de s'être invité dans votre vie.

Elle avait l'air si convaincue, elle me donnait presque envie de la croire. Me voilà promise à accomplir de *grandes choses*. Si j'avais voulu rebooster mon ego, je n'aurais pas souhaité mieux. Je souris à cette femme en quittant les lieux, la remerciant non sans une touche d'hypocrisie pour ses éclairages. Je ne savais quoi lui dire d'autre. Je songeais à tous ces gens qui passaient cette porte dans l'espoir d'une meilleure vue à court ou long terme. Peut-être les aidait-elle vraiment ? Mon scepticisme avait-il gâché cette séance ?

Juste avant que ma silhouette ne disparaisse dans les escaliers de cet hôtel particulier, L'Étoile sans nom me rattrapa pour une ultime recommandation. Elle se tenait essoufflée sur le palier, peu habituée à de telles actions. Ses clients prenaient rarement la fuite.

— Vous n'oublierez pas de poster la lettre ?

Elle était toujours aussi sûre d'elle en me criant ces mots. Je levai la tête pour la regarder, déconcertée. J'avais déjà dévalé plusieurs marches et me trouvais à l'étage en dessous. Elle s'agrippait à la rambarde, le buste penché dans ma direction. Elle me dominait. Était-ce là notre rapport ? Elle *savait*, donc elle était au-dessus. Moi, la dubitative, je courais sans réfléchir vers les bas étages… Je ne sus comment réagir à sa consigne de dernière minute. Le sous-entendu m'échappait. Nous n'avions évoqué aucune lettre. Il devait s'agir d'une bizarrerie pour me pousser à revenir.

Je lui rendis un simple « D'accord » avant de m'éclipser.

Partir un jour

Samedi 9 décembre 2023

C'est bien la première année où je n'ai pas ressenti l'envie de faire un sapin et d'inonder la maison de décorations de Noël. Je n'avais même pas encore écouté «All I Want for Christmas Is You» de Mariah Carey, c'était dire. Crapaud peaufinait sa liste de jouets depuis des semaines déjà, et moi, je procrastinais. L'an passé, j'étais mécaniquement passée en mode fêtes dès le début de décembre. Malgré la perte de notre fille, survenue quelques semaines avant le grand déballage de bouffe et de cadeaux.

Je n'avais plus de ventre mais j'étais rappelée par le devoir de plonger dans cette ambiance que j'aimais tant depuis l'enfance. Pour me venger de mes hospitalisations, de ce temps loin de Crapaud. Pour lui offrir un Noël magique. Avec une surenchère de flocons et mon plus beau sourire de façade.

Mais cette année, je ne ferais pas semblant. Je ne me forcerais plus à jouer l'ancienne Emma. J'avais envie de m'amuser mais ailleurs. Des mois que je rêvais de boucler l'année dans un nouveau voisinage, un autre cadre. Des mois que mon amour s'étiolait pour cette maison achetée avec Pierre et dans laquelle Crapaud avait pourtant fait ses premiers pas. Des mois que ma flamme s'éteignait pour cette ville de Paris.

Plus jeune, je raffolais des bruits, de la densité, des étrangetés de la capitale… Et puis, j'ai eu Crapaud. Il a fallu s'éloigner un peu du centre bouillonnant, s'assagir, redéfinir l'essentiel. Ce qui me paraissait insurmontable à vingt ans ne l'était plus. En perdant ma petite guerrière à la fin de l'année 2022, le ras-le-bol s'est amplifié. Cette maison emplie de souvenirs m'est progressivement apparue comme un fardeau. Pierre n'y habitait plus, Crapaud n'envahissait l'espace que lorsque j'en avais la garde.

Avant j'aimais tout de cet endroit : mon lit, ma chambre, les toilettes, les escaliers, le salon avec le canapé. À présent, je ne voyais plus que des taches de sang partout. Du sang nettoyé, épongé. Du sang invisible qui me poursuivait dans chaque pièce. Du sang imprimé pour toujours dans mon esprit.

À quoi bon entreposer sapin, guirlandes, boules scintillantes sur ce qui me paraissait une scène de crime ? Tous ces mois depuis la césarienne, je n'avais eu de cesse de penser à ce bébé qui ne découvrirait jamais son berceau. À cette deuxième grossesse qui s'était envenimée en partie entre ces murs.

C'était décidé : je voulais partir. Vendre notre petite maison de banlieue. Changer d'air. Quitter la région dès l'an prochain. Offrir à Crapaud un cadre moins dingue, une mère plus paisible. Il allait falloir en parler à Pierre.

Ce samedi de décembre, Crapaud participait, avec plusieurs de ses copains de classe, à la visite d'une exposition pour chimistes en herbe à la cité des Sciences et de l'Industrie, dans le parc de la Villette. Encore une occasion de retarder les préparatifs de Noël. Durant le trajet parmi la foule bien ordonnée du métro, celle qui sait exactement où elle se rend, qui répète inlassablement les mêmes mouvements, j'écrasais la main de Crapaud pour ne pas le perdre. À hauteur d'enfant, les couloirs et les rames des transports parisiens sont d'une grande violence : ils se font bousculer, presser, écraser. Ils n'ont pas la taille requise pour être visibles dans cette fourmilière où chacun fonce, les yeux rivés sur son smartphone.

Une fois Crapaud déposé à son activité, encadrée par d'autres parents, je disposais de deux heures de liberté. Une fenêtre de tir pour flâner le long des rives du canal de l'Ourcq.

Profitant du froid sec de l'hiver et des quelques rayons de soleil dégelant mes joues, je posais instinctivement un pied devant l'autre. Ce parc de la Villette, je l'avais souvent sillonné avec Pierre ou mes amies. Je marchais sur des vestiges de belles soirées d'été sur la pelouse, de séances de cinéma en plein air, de concerts à la Philharmonie. En déambulant sans but précis, je me demandais si cela se remarquait que j'étais une femme cabossée. Avant, je me noyais dans ces vagues d'anonymes qui déferlent par cycles dans les rues de Paris. Ce jour de décembre, je les regardais et je ne me sentais plus des leurs. Je n'étais plus en phase avec cet environnement qui a pourtant longtemps été le mien. Cela se voyait-il que j'avais échoué ? Que j'étais devenue un cimetière ambulant ?

Ma démarche, ma posture. Mon ventre. Les gens autour de moi pouvaient-ils deviner d'un regard que je n'avais jamais pu tenir mon bébé dans mes bras ? La perte de ma fille m'avait rendue différente. Je fus prise d'un spasme abdominal. Ma balade allait devoir s'écourter. Mes règles semblaient décidées à se pointer.

Je trouvai un bistrot à la hâte pour me réchauffer et inspecter l'entrejambe de mon jean dans des toilettes. Je profitai de boire un café au chaud pour passer un coup de fil à Louise. Je n'avais pas eu le temps de répondre à ses appels depuis l'accouchement de Mona.

— Louise, j'allais te rappeler mais Crapaud m'a pris beaucoup d'énergie cette semaine. Tu veux passer prendre l'apéro à la maison ce soir ? Comment vas-tu ? Je me rends compte qu'on ne s'est presque pas parlé, à part par textos, depuis la maternité…

— Je sais, c'est la course ! T'inquiète, je n'étais pas vraiment disponible non plus. Écoute, je vais plutôt bien. Même très bien… J'ai rencontré quelqu'un.

— Mais… quoi ?! En trois semaines ?

— J'ai honte, mais j'ai craqué sur mon kiné… Des mois qu'il me palpe le dos et que je me retiens de l'inviter à sortir. Je ne sais pas d'où m'est venu le courage, mais il y a quinze jours je lui ai demandé son 06. Et depuis, il me masse tout le corps…

— Louise ! Qu'est-ce qui t'arrive ? Où est passée ma pote effarouchée depuis son divorce ?

— Eh bien, elle a disparu. Elle est enfin passée à autre chose !

— Je suis tellement fière de toi.

— Oui, alors ne t'enflamme pas trop, car un détail ne va pas te plaire…

— C'est un pote de Pierre ?

— Non, pire.

— Il est recherché par Interpol ?!

— Pire, j'ai dit… Il est marié.

— Ah oui, en effet. Quand tu te décoinces, tu n'y vas pas par quatre chemins… Bon, ramène ton fils et une bouteille ce soir, tu dînes à la maison. Pas le choix, tu as un débrief à me faire. Et puis les garçons seront contents de jouer ensemble.

— Ça marche. Et toi ? Pierre a toujours perdu sa langue ?

— Plus que jamais. Je ne comprends plus rien à cet homme.

— Quel gâchis vous deux quand même...

— La voyante m'a dit que notre amour n'était pas fini.

— Ah, tu vois ! Si même la voyante le dit...

— En tout cas, elle n'a pas prédit que j'allais attendre mes règles comme le Messie !

— Comment ça ?

— Je ne sais pas, ça fait des semaines qu'elles auraient dû arriver. Je pensais que c'était le cas tout à l'heure, et puis non, rien dans ma culotte ! J'ai été tellement stressée par la naissance de la petite de Mona que j'ai dû me détraquer le cycle...

— Euh, Emma. Tu es sûre de toi ? Ça fait combien de temps que tu les attends ? Tu as oublié ta nuit avec Pierre ou il faut que je te la rappelle ?

— Oh, putain. Merde.

CHACUN SA VÉRITÉ

Dimanche 10 décembre 2023

Louise et son fils étaient restés dormir à la maison. Juste après notre conversation téléphonique, mon amie avait couru dans une pharmacie m'acheter une dizaine de tests de grossesse. Il valait mieux en avoir plus que nécessaire. Ne pas prendre le risque de se planter. Le samedi soir, pendant que les garçons regardaient un film, j'ouvris une bouteille de vin. J'avais besoin de prendre un verre avec Louise avant que tout bascule… peut-être.

Il s'agissait de nier la possibilité d'un résultat positif, encore quelques instants. Se détendre, profiter d'une soirée sans drame. Louise m'avait raconté les détails de son rapprochement avec son kiné aux doigts de fée et j'avais décidé, en me resservant, d'attendre le lendemain pour tester mon urine. Celle du matin était réputée meilleure. Plus fiable.

Je la collecterais au saut du lit dans un gobelet jetable, avant de plonger dedans les embouts des tests.

Devant moi, ce dimanche matin de décembre, les dix tubes de plastique disposés à plat, les uns à côté des autres, sur la table de la cuisine, je me fis la réflexion du manque d'hygiène d'une telle installation avant de remplir ma bouilloire. J'attendais que chacun des tests révèle sa vérité. Normalement, il ne devait pas y avoir de ratés. Ils devaient tous annoncer la même chose. Comment l'un pourrait-il s'opposer aux autres ? Je m'apprêtais à faire un *strike*.

Louise me rejoignit au moment même où mes jambes devenaient cotonneuses. Je m'assis, une tasse de thé à la main. Allais-je voir des barres surgir de toutes parts ? Ou chaque trait resterait-il seul dans sa case ? Les garçons dormaient encore à poings fermés, Louise et moi avions tout le loisir de surréagir à n'importe laquelle de ces issues… Instinctivement, je me mis à fermer les yeux.

À serrer mes paupières si fort que j'observais des petits traits rouges et jaunes, des points lumineux dans l'obscurité. Louise comprit que ce serait à elle de cueillir le résultat de cette rangée de tests et de me l'annoncer en douceur.

Toujours plongée dans le noir, je sentis la main de mon amie envelopper la mienne. Je pouvais flairer son pouls s'accélérer, sa salive se bloquer dans sa gorge. Elle manquait de mots :

— Emma… Je ne sais pas si c'est une bonne ou une mauvaise nouvelle.

Puisqu'il fallait bien assumer, je rouvris les yeux. Pas pour regarder tout de suite la rangée de tests mais pour fixer mon amie Louise. Elle était gênée. La paupière de son œil droit tressautait. Je me dis qu'elle devait manquer de magnésium. Elle restait bonne comédienne, je ne détectais rien de plus sur son visage. Louise tenait à ce que je reste le premier rôle de cette histoire. Je devais à présent baisser mes yeux vers la table. C'était à moi d'endosser la lecture finale, le décompte de barres.

Positifs ? Négatifs ? Je mis une longue minute avant de regarder les résultats affichés devant moi. Sans ouvrir la bouche, je me levai pour aller chercher un sac-poubelle. Je fis glisser tous les tests à l'intérieur. Ce serait leur cachette provisoire. Je fermai le sac d'un nœud, puis le poussai dans le meuble sous l'évier. Toujours muette, je me rassis autour de la table. Mon amie me dévisageait. Elle fut soulagée lorsque je parlai enfin :

— Bon… Il va falloir que j'aille faire une prise de sang ce lundi pour contrôler la quantité d'hormones bêta-HCG.

— Je suis désolée, Emma… enfin. Je ne sais pas si tu veux que je le sois ?

— Non, ne le sois pas. Mais je ne veux juste pas m'emballer.

— Tu vas peut-être à nouveau être maman, je suis tellement heureuse pour toi. La lumière gagne toujours, je le savais.

— Je viens de dire qu'on ne s'emballait pas, Louise !

— Il n'y a aucune raison que ça merde cette fois…

— La dernière fois non plus.

— Les grossesses ne se ressemblent pas. Ce qui t'est arrivé est terrible mais ça ne concerne pas les résultats d'aujourd'hui.

— Punaise, il va falloir que je prévienne Pierre. Et s'il n'en veut pas ?

— Alors, Charlotte, Mona et moi, on sera là pour toi et Crapaud. Quoi que tu décides.

— J'ai l'impression de m'être pris un coup sur la tête. C'est vraiment vrai, Louise ? Je ne suis pas devenue folle ? On ne l'a fait qu'une fois avec Pierre, c'est dingue. Je suis bien enceinte ?

— Oui, ma belle.

— …

— Tu as dix tests dans un sac sous ton évier qui l'attestent.

— Oh purée, comment je vais faire ? Je ne sais pas si j'en suis capable. J'ai eu tellement envie d'un autre bébé. J'en ai tellement besoin. Mais ce n'est pas trop tôt ? Je suis encore fragile. Je ne veux pas tout faire foirer…

— Tu es parfaite et tu vas être forte, comme tu l'as déjà été.

Les garçons venaient de se lever et de nous rejoindre pour le petit déjeuner. La conversation entre adultes s'arrêtait là. Crapaud avait tout de même noté la pâleur de mon teint. Quand je stressais, la couleur de ma peau baissait automatiquement d'un ton. Il me demanda si tout allait bien, sans être plus inquiet que cela. Je lui caressai le haut du crâne, j'aimais ébouriffer ses cheveux. Ils étaient doux et bouclés, l'inverse des miens. Par ce geste, il comprit que je ne ferais pas de grands discours. Louise se permit de combler mon silence :

— Ta mère se porte parfaitement bien. Elle a juste l'air bizarre parce qu'elle vient de recevoir un petit cadeau de Noël en avance… Mais toi, il faudra attendre que les lutins fabriquent les tiens !

Je ne savais pas comment Crapaud pouvait encaisser cette information sans poser mille questions. Que le Père Noël ait préféré me gâter avant lui, sérieusement ? Mais il piqua un bout de brioche sur la table et orienta le reste de sa réflexion matinale sur les motifs ornant son bol.

En serrant de mes doigts encore tremblotants ma tasse de thé, devenu froid comme je l'aimais, je n'écoutai bientôt plus les discussions de Crapaud, Louise et son fils. Le volume de leurs voix s'affaiblissait. Je les tenais à l'écart. Je ne pensais qu'à ces traits, à tous ces tests positifs. Dans quoi m'embarquais-je ? En perdant un bébé, j'avais eu immédiatement peur qu'il arrive malheur à Crapaud. Comme un effet domino. Je me souvenais l'avoir envahi de mon amour en rentrant auprès de lui. Il m'avait manqué, à l'évidence, mais c'était autre chose. Je devais le humer en permanence, l'étreindre, le garder au chaud. M'assurer qu'il survive. En ma présence, je l'imaginais protégé. C'était con mais c'était animal. Je lui interdisais des activités que je pensais dangereuses. Il n'avait plus le droit de partir loin, de sauter de haut, de courir trop vite, d'escalader… de faire tout ce qu'un garçon de son âge adorait. Il m'aidait à aller mieux, à reprendre le dessus, et moi, je l'étouffais consciemment. Comment pourrais-je gérer la crainte qu'un troisième enfant meure ? Je me retrouvais célibataire à trente-sept ans, protectrice à outrance de mon louveteau, un ventre occupé d'un ou de plusieurs locataires et je m'apprêtais à ne plus avoir la maîtrise de la vie et de la mort à nouveau.

J'avais envie de crier de joie et d'anxiété.

Je n'avais jamais été autant tentée de verser n'importe quel alcool fort dans mon thé du matin.

Elle avait les mots

Fin octobre 2023, un an après le drame

Il ne s'était pas passé une semaine depuis l'adieu à cette deuxième grossesse et à ma petite fille sans que j'écrive.

Écrire pour ne pas avoir l'impression d'avoir tout fabulé ou accentué.

Des idées par-ci et par-là. Des notes précises de mon état. Pour me souvenir, ne rien oublier de la lourdeur de mes jours de chagrin, des tout premiers rires retrouvés, des phrases destinées à elle, à ma guerrière dans les étoiles. Des lignes pour moi, plus intimes, pour les autres, plus générales. Des mots pour concrétiser cette tragique expérience, ce qui m'avait filé entre les doigts ; ce qui n'avait plus corps en rien, ni dans le mien, ni avec le sien.

Gratter du papier me procurait satisfaction, réconfort. J'avais ce besoin viscéral de transformer ce drame en une matière lisible. Et les pages se sont vite accumulées. J'avais tant à sortir de moi. Je ne savais toujours pas ce que deviendrait la nouvelle femme que je croisais chaque matin devant le miroir. Elle restait blessée et instable. Mais, cette femme-là porterait bientôt un manuscrit entre ses mains tant elle noircissait de feuilles. Le pouvoir créatif de la souffrance…

J'avais déversé tant de choses sur des carnets. Tapé du bout des doigts tant de lettres sur mon clavier que je n'arrivais plus à répandre mes larmes autrement qu'à l'écrit. Je ne possédais plus le mode d'emploi pour pleurer. Même sous une douche chaude. Même en tentant de repenser à elle, née vivante mais non viable. Mes yeux ne s'humidifiaient plus instantanément. Ils pouvaient rester secs longtemps. Désormais, je chialais des lettres. Je n'avais plus besoin que cela sorte de mes glandes lacrymales.

Depuis ma sortie définitive du service des grossesses à haut risque à la fin du mois d'octobre 2022, durant cette longue année où tout a continué de partir à la dérive, où les plaques tectoniques de mon monde ont poursuivi leurs mouvements, je n'avais jamais arrêté de cheminer. Et dans ce nouveau paysage bordélique qui s'était présenté à moi, ma seule balise insubmersible restait l'écriture. Quotidienne. Consciencieuse. Curative.

Ces milliers de lettres, de voyelles, de consonnes, assemblées les unes aux autres, plus ou moins adroitement, je n'en ferais peut-être rien. Ce n'était pas un drame. Je n'avais certainement pas encore rédigé le livre qui me ferait une place sur les étagères des librairies où j'aimais tant m'attarder. Mais… tous ces mots ne pèseraient plus en moi. Ils trouvaient place et vie en dehors de ma carcasse. J'écrivais mon histoire pour qu'elle cesse d'être un poids à porter tous les jours.

Des spécialistes de la santé mentale, j'en avais vu un paquet lors de mes séjours à Tenon et Montreuil. Pourtant, c'était en quittant ces hôpitaux que j'étais enfin parvenue à trouver la psychologue qui me convenait. Elle me poussait à entretenir sérieusement ce journal de ma grossesse et de mon travail de reconstruction.

Elle voulait faire de ce flot de mots un outil. Une sorte d'espace où je choisissais de conserver cette partie de ma vie. Un lieu que je pourrais visiter (comprendre : relire… ah, ces psys !) plus tard quand je le souhaiterais ou bien décider de l'ignorer en n'y mettant plus jamais les pieds.

Le deuil, pour elle, se rapprochait d'une traversée du désert. Alors autant en garder des traces écrites pour se féliciter un jour de ne pas avoir fini ensevelie dans des sables mouvants. Elle m'encourageait à me vider de textes. Je ne devais ressentir aucune honte dans le fait d'avancer, de trouver ma voie pour surmonter l'épreuve. Si c'était *via* l'écriture que je progressais, pourquoi lutter ? Elle n'avait de cesse de me dire que l'humain n'était pas fait pour stagner et que la perte d'un être que l'on n'avait pas eu le temps de connaître s'avérait toujours plus difficile. Avec les autres, les morts qui ont partagé notre vie, les souvenirs soulagent.

Avec ma fille, moi, je n'avais absolument rien vécu de réel. Zéro possibilité de me rappeler d'elle vivante en dehors de mon corps. Nos cœurs avaient battu à l'unisson et nos chairs s'étaient mêlées mais nos regards ne s'étaient jamais croisés. Nous ne figurerions sur aucune photographie ensemble. L'album de nos premières fois resterait vide. C'était en effet, et étonnamment, bien plus dur de renoncer à tout ce que nous n'avions pas pu construire au grand jour.

Pour me rendre chez ma psy, il me fallait une vingtaine de minutes de marche à faible allure depuis ma maison de banlieue. C'était d'ailleurs pour sa proximité que je l'avais choisie au début. Une fois par semaine, entre midi et deux les jours de télétravail, je longeais un cimetière pour rejoindre son cabinet. Passer devant cette centaine de pierres tombales avant de faire des séances censées m'éviter une dépression, cela ne s'inventait pas.

Ce que j'aimais chez cette psy, c'était qu'elle recouvrait toujours ses jambes d'un plaid en fausse fourrure. Elle se tenait assise avec cette peau synthétique pour la réchauffer des hanches jusqu'aux pieds. Une psy frileuse ; je ne savais pas pourquoi mais cela m'avait rassurée. Peut-être certains se seraient montrés déçus de voir en face d'eux une personne trop familière. Elle ressemblait à n'importe qui, à l'aise le soir devant la télévision. Cette femme était l'anti-cliché de sa profession. Son cabinet ne possédait ni bibliothèque ni canapé. Je devais lui faire face sur une chaise en plastique. Il n'y avait rien d'accueillant dans son espace de travail… à part elle et son plaid. Sa façon de recentrer les choses.

Nos séances n'étaient pas vraiment des conversations, elle m'écoutait surtout. Notant au passage mes réflexions. Elle rebondissait sur certains termes, me poussait à explorer des zones où je m'aventurais avec timidité. Elle profitait de mes silences pour glisser ses remarques. Pour elle, si le corps parvenait à guérir, l'esprit le pouvait aussi. Elle disait toujours de jolies phrases, de quoi me faire oublier le paysage macabre de mes trajets.

Son attitude n'était pas spécialement amicale. Elle ne devait pas dépasser la quarantaine mais me faisait plutôt penser à un jeune sage. Une sorte de guide, de Morpheus dans le film *Matrix*, que je consultais pour parfaire ma conduite.

Pierre, lui, n'avait jamais sauté le pas de parler à quelqu'un. Il avait vu des psychologues de l'hôpital au lendemain de la perte de notre fille et cela lui avait suffi. Il disait s'être assez confié à des inconnus. Enfin, ça, c'était ce qu'il me disait lorsqu'il me répondait encore… Pour lui, tenir le choc impliquait désormais de se taire. À ce jeu-là, il était devenu le meilleur en quelques mois.

Lundi 11 décembre 2023, laboratoire d'analyses

C'était la deuxième fois de la journée que je poussais la porte de ce laboratoire d'analyses. La première, tôt le matin, pour me faire prélever un tube de sang par une infirmière ; puis, six heures plus tard, afin de venir chercher mes résultats.

Mon second passage devant les secrétaires médicales me confirmait ce que les dix tests effectués la veille indiquaient de leurs doubles traits chacun. La feuille de papier que l'une d'elles me tendit ce lundi après-midi comportait des chiffres et un tableau de données indicatives. Peu d'informations finalement pour ce qui s'annonçait comme une lecture dure à digérer seule.

Mon taux de bêta-HCG en mUI/ml explosait à 90 000. Aucune place au doute, j'étais bel et bien enceinte. Certainement dans mon troisième mois d'ailleurs… Comment avais-je pu laisser filer tout ce temps sans me rendre compte de rien ? Pourquoi n'avais-je aucun symptôme ? Le document contenant mes résultats dans la main, je pris place sur l'un des sièges de la salle d'attente. Je n'avais aucune confiance en mes jambes. Pas après une telle découverte.

Enfin… pas après une telle confirmation.

Je n'avais partagé le lit de Pierre qu'une nuit à la fin du mois de septembre et voilà où j'en étais. Sans personne pour me soutenir ; les fesses plaquées sur une chaise, tentant de ne pas m'évanouir face à ces chiffres délirants : 90 000… Peut-être la somme en euros que me coûterait *in fine* ce nouvel enfant. Après addition des couches, des petits pots, de la paie quotidienne d'une nounou ou encore des futures études à financer… Et s'il n'y avait pas qu'un seul bébé ? S'ils étaient plusieurs dans mon utérus à faire s'affoler les compteurs de ces hormones bêta-HCG ?

Autour de moi, d'autres patients venus chercher eux aussi leurs résultats d'analyses. Principalement des personnes âgées. Plusieurs me regardaient de travers puisque je venais de m'emparer du seul siège encore disponible. Je me moquais bien d'en voir un s'écrouler de fatigue. Moi aussi j'étais à bout de souffle. Le sol se dérobait sous mes pieds. Alors, nous finirions tous aspirés par le trou que j'imaginais se créer, toujours plus large, plus profond, plus abscons, à chaque fois que je fixais ce chiffre neuf couplé à tous ces zéros… Une dame, que je n'avais pas remarquée le nez dans mes résultats, me toucha le bras.

— Avez-vous besoin d'aide, mademoiselle ?

Je ne pouvais pas lui donner d'âge précis. J'appréciais juste qu'elle dise encore mademoiselle. Je lui souris aussitôt.

— Ça va aller, merci… Vous êtes gentille.

— Oh, non, s'il vous plaît. Ne me faites pas le coup de la gentille dame. J'ai été une mère aussi, vous savez, je sais très bien ce que vous tenez là entre vos mains, jeune fille…

Maintenant, elle m'appelait « jeune fille ». Décidemment, en m'ôtant des années, elle me plaisait de plus en plus.

— J'ai déjà un fils et je viens de perdre une fille. Ce bébé, je ne sais pas si c'est une bonne nouvelle. Je suis séparée du père. Désolée, je ne sais pas pourquoi je vous raconte tout ça !

— Je m'appelle Hélène, jeune demoiselle.

Elle semblait satisfaite de son parfait combo anti-âge. Elle prit une voix plus faible pour poursuivre, toujours en me tenant le bras :

— Je suis navrée pour votre fille… Je ne crois pas que vous l'oublierez avec cet autre bébé au creux de vous, votre cœur a de la place pour plusieurs amours. Vous m'avez confié quelque chose d'intime, je vous en remercie… Nous ne sommes pas de la même génération, sachez pourtant que je compatis. J'ai, dans le temps, aussi essuyé un malheureux accrochage avec la maternité.

Sa deuxième grossesse, à elle également, s'était soldée par un décès. Au milieu des années 1980, l'échographie fœtale était moins performante et les malformations étaient difficiles à détecter précocement. Hélène me raconta qu'elle avait eu, pour ainsi dire, beaucoup de *chance* d'avoir croisé le chemin d'un spécialiste en diagnostic anténatal. Il avait repéré la maladie cardiaque incurable dont souffrait son bébé et lui avait permis d'écourter cette grossesse vouée à l'échec.

— Ma fille, si j'en avais eu le cran, je l'aurais appelée Simone, me souffla-t-elle, des sanglots dans la gorge.

Simone, pour Mme Veil, dont la loi de 1975 dépénalisait l'avortement et légalisait notamment l'interruption volontaire d'une grossesse pour motif médical. À quelques années près, ce bébé condamné, Hélène aurait dû le porter neuf mois en elle. Accoucher d'un bébé qui ne survivra pas au-dehors était déjà traumatisant pour une femme, alors faire durer… Je ne pouvais que me reconnaître en son récit. Hélène m'expliqua n'avoir voulu donner aucun prénom à cette petite fille. Pour elle, cela revenait à cristalliser sa douleur.

— Perdre un enfant, c'est perdre un futur… Alors quand rien n'est figé, tout peut encore bouger, finit-elle par lancer, ses yeux dans les miens.

J'étais émue. Je ne m'attendais pas à me connecter si fort à une inconnue en poussant la porte de ce laboratoire d'analyses médicales du quartier. Nous venions d'oublier le contexte. Tout le monde nous observait. Se demandant si nous nous connaissions d'avant ou pas… Nous nous laissâmes après une brève étreinte. Hélène avait déjà été appelée par deux fois par l'infirmière pour sa prise de sang.

Je ne reverrais probablement jamais cette dame.

Mais quelle femme ! Ce qu'elle avait bien voulu me murmurer de son parcours resterait en moi. Hélène n'avait plus reparlé de sa fille décédée depuis des lustres. Elle était redevenue mère, après, sans péripétie. Nous venions de peupler l'air de cette salle d'attente de nos mots et cela me rendait fière. Des mots durs, des mots vrais. Des mots tabous. Hélène me rappelait qu'il n'y avait pas de mauvaises décisions. Juste celles qui nous appartiennent.

Face à ma feuille de papier, ce lundi après-midi, je me sentais heureuse et triste à la fois… Et je n'avais pas encore envie de choisir.

Le tourbillon de la vie

Lundi 11 décembre 2023, laboratoire d'analyses

Avec ce dosage de 90 000 s'affichant devant mes yeux, j'étais repartie dans le tourbillon de la vie. La vraie. Celle qui est rarement toujours juste. Celle qui tournicote. Pique sans prévenir. Celle qui laisse parfois sur le bas-côté. Si je décidais de poursuivre cette grossesse, je devrais composer avec de nouvelles facettes de moi ; plus funeste, anxieuse. Je savais que je ne revivrais jamais l'attente d'un bébé totalement sereine. C'était le lot des femmes pour qui le chemin de la maternité s'était montré semé d'obstacles. Les réchappées de petits ou grands séismes. Toutes celles dont l'utérus les a rendues victimes et non souveraines.

Dans cette salle d'attente, toujours assise sur une chaise, feuille de résultats à la main, je n'étais pas prête à me lever pour aller dehors. Une grosse couette dans laquelle me blottir n'aurait pas été de refus. J'avais besoin de chaleur maintenant qu'Hélène ne se tenait plus à mon côté. Cette dame m'avait parlé crûment, elle n'avait rien minimisé de son histoire ou de la mienne. La différence entre ceux qui ont été écorchés et les autres. Je n'en pouvais plus des discours de proches, devenus parents facilement, qui m'assuraient que *la foudre ne frappait jamais deux fois au même endroit*. Cette croyance était largement erronée. Je me gardais bien de le leur signaler. Ce n'était pas de la compassion que je voulais. J'avais besoin de puiser de la force dans de l'authentique. Que cessent mensonges et comédie. Plus la peine d'en faire des caisses, je ne serais plus aussi tranquille qu'avant de perdre un bébé, je l'acceptais…

Il fallait que je crève l'abcès avec Pierre. Nos échanges, depuis cette nuit de septembre où nos corps avaient parlé pour deux, ne m'inspiraient rien de bon. À peine quelques textos sans saveur pour se tenir informés des activités scolaires et autres impératifs de Crapaud. Nous étions devenus experts en logistique. Et je devais maintenant évoquer la possibilité d'un locataire en sus de celui déjà hébergé sous nos toits respectifs. Comment allait-il réagir en me sachant enceinte ? Le prévenir était la moindre des choses. Il s'agissait de ses gènes aussi. Mais étais-je vraiment obligée de l'inclure dans cette grossesse ?

J'avais beaucoup lu, écouté de podcasts sur la grossesse d'après. Celle venant supplanter la phase de deuil, celle appelée *la grossesse d'un bébé arc-en-ciel.* Visiblement, outre l'espoir, elle offrait un condensé assez rude de toutes les émotions ressenties jusqu'alors… Puisque je vivais au milieu d'une tempête depuis plus d'un an, j'avais appris à me protéger des bourrasques. Si j'attendais, je serais moins équipée, non ? J'oublierais mes récents apprentissages, je redeviendrais vulnérable. N'était-il pas conseillé de battre le fer tant qu'il était chaud ? Ma nouvelle résistance face aux intempéries, acquise dans l'amertume, pourrait bien se révéler ma meilleure arme.

Ce cadeau de la nature me rendait atrocement nerveuse mais je ne pouvais pas mieux l'accueillir qu'aujourd'hui. Qu'après avoir traversé cette pénible année de doutes, d'adaptations. Ce bébé, il me faisait tant envie depuis la césarienne. Mon cœur orné de mille bandages pourrait lui faire un bel accueil. Il avait assez de place pour *plusieurs amours* comme me disait quelques minutes auparavant la *sage dame* Hélène... Et puis, si je décidais d'avorter, quelle assurance avais-je de revoir un jour de tels chiffres imprimés sur une feuille de résultats d'analyses sanguines ? Si c'était là ma dernière opportunité d'être mère, je ne voulais pas me débiner.

Je pris conscience que mon visage passait d'une expression à l'autre. Toujours assise en silence face aux autres patients qui se méfiaient à présent tous de moi. Ils me prenaient pour une folle. Une dingue en pleine communication non verbale avec son taux insensé d'hormones bêta-HCG. Je me levai enfin de la chaise, retrouvant une expression faciale de circonstance. Je saluai les secrétaires et le reste de la salle d'attente d'un bref mouvement de tête avant de retrouver l'extérieur. L'air frais.

Sur le trottoir, devant le laboratoire, le froid s'insérant dans les moindres recoins mal emmitouflés de mon corps, je rangeai les résultats dans mon sac. Je dégainai sans attendre mon téléphone portable et composai le numéro de Pierre. *Battre le fer tant qu'il est encore chaud...*, murmurais-je pour me convaincre que c'était le moment de passer cet appel. Un rayon de soleil illumina l'endroit où je me tenais. Figée. Écoutant les sonneries retentir. Une, puis deux. Je plissais les yeux, aveuglée. Trois, quatre... répondeur :

Bonjour, vous êtes bien sur le portable de Pierre !
Vous vous en doutez en tombant sur ce message,
je ne suis pas disponible pour l'instant.

À moins que j'aie décidé de vous snober
en voyant votre numéro s'afficher, tout simplement!
Qui sait? Bref! Laissez-moi un message...
Je vous rappellerai... Ou pas!

Qu'est-ce qu'elle pouvait m'agacer cette annonce de messagerie! Des années qu'il avait la même et refusait d'en enregistrer une autre. Il la trouvait amusante. Je levai les yeux au ciel en repensant aux fois où je l'avais supplié d'arrêter l'humour sur son répondeur. En vain. Pierre n'était pas le plus borné de notre couple mais il restait le plus fier de ses idées. Même les plus douteuses.

Je lui laissai un message afin que mon coup de fil ne serve pas à rien:

— Salut, Pierre... c'est moi. J'espère que tu vas bien. Je n'ai pas eu de tes nouvelles dernièrement, pour ainsi dire... Bref, cette fois-ci c'est moi qui espère provoquer une discussion. Il faut vraiment qu'on parle. Et d'un truc important. Je ne veux pas te faire peur mais c'est sérieux... Je pars samedi avec Charlotte et Crapaud prendre quelques jours de vacances à Rome mais à mon retour, avant Noël, j'ai besoin de te voir pour t'annoncer quelque chose. S'il te plaît, renvoie-moi un texto au moins pour me dire tes disponibilités et qu'on cale une date. À bientôt.

Samedi 16 décembre 2023

J'ai toujours aimé mes amies, Charlotte, Louise et Mona, pour leur capacité à me surprendre.

Lorsque Louise avait prévenu Charlotte dimanche dernier de ma série de tests positifs, celle-ci avait eu immédiatement l'idée de réserver trois billets pour Rome. Prendre de la hauteur et de la distance face à ce trop-plein de cellules se multipliant à la vitesse grand V.

Crapaud louperait quelques jours d'école avant le début des vacances scolaires, mais pour une virée en Italie cela en valait la peine. Charlotte trouvait ce pays idéal pour réfléchir à cette grossesse. Mes émotions méritaient bien d'être décantées autour de bons plats de pâtes. Charlotte espérait aussi s'éloigner de Paris. Mais ça, elle se gardait bien de me le dire en me pressant de poser des congés payés auprès de mon employeur.

Le samedi de notre départ, en m'installant dans l'avion avec Charlotte et Crapaud, je me disais qu'il n'y avait pas de meilleur endroit où j'aimerais me trouver. J'avais pourtant une peur panique de voler. Des allers-retours dans les airs, j'en avais subi des tas, mâchoire contractée, pour mon travail qui m'envoyait régulièrement dans différents pays d'Europe ou aux États-Unis. Étonnamment, cette fois, je n'étais pas tendue. Je me réjouissais même de m'élever au-dessus des nuages.

La sensation d'accélération au décollage me fit me sentir puissante. Je m'emparais enfin de mes vertiges. Je vibrais en prenant conscience que j'allais me réconcilier avec cette destination, depuis mon été baigné de sang en Toscane l'an passé. La maternité transformait tant les femmes. J'en étais toujours renversée. Mes grossesses n'auront pas été vaines. Mes séances de psy et ma séparation aussi. J'étais enceinte, dans les airs, et l'ancienne Emma aurait contrôlé le fond de sa culotte au moins dix fois durant ce court trajet. Mais non, je partais avec mon taux à 90 000 d'hormones bêta-HCG et me surprenais à ne faire aucune pause pipi.

J'avais retrouvé foi en mon sort. Je compris en plein vol que ce ou ces bébés, nichés dans mon ventre, s'il – ou s'ils – voulaient bien résister... je voudrais, de mon côté, bien les garder auprès de moi. Rien ne pourrait me faire tomber plus bas que ce que j'avais déjà expérimenté.

Trébucher, se casser un voire les deux genoux, ne laissait pas forcément une femme face contre terre. J'avais avalé des kilos de sable avant de réapprendre à me défendre.

Je n'aurais plus aucun mal à assumer mes choix. Je ne craindrais plus d'aller dans la direction qui m'électrisait. Je ne m'interdirais plus de dire *merde*, que ce soit à Pierre, à mon patron, à tous ceux qui avaient jugé mon deuil, qui n'avaient pas prêté attention à mon nouveau visage. Je n'aurais plus aucun mal à partir loin, à tout plaquer. J'en avais fini de m'excuser d'avoir foiré. Je me dégelais complètement. La fin de ma période de transition.

À peine nos valises déposées dans notre logement, Charlotte nous proposa de prendre un apéritif sur le toit d'un des nombreux hôtels-restaurants de Rome, avec terrasse chauffée, offrant une vue sur la piazza di Pietra. Je lui exposai ma nouvelle ligne de conduite. Je tentai de lui faire comprendre, sans trop attirer l'attention de Crapaud, que je souhaitais encore préserver de ces 90 000 envahisseurs dans mon corps, mon envie de poursuivre cette grossesse. S'il était raisonnable de le faire après la première échographie de contrôle, bien entendu.

Je mitraillais mon amie d'arguments, sans la laisser objecter. Elle semblait ravie de me revoir si animée. Elle écoutait mon monologue en sirotant son cocktail et en jetant des regards amusés à Crapaud. Lui était bien plus captivé par le niveau fluctuant de sa grenadine que par l'enthousiasme de ma prise de parole. Charlotte profita d'un de mes rares silences pour sortir sa première réplique :

— Eh bien, tu es devenue une vraie pile électrique ! Si c'est cela l'effet de cette troisième *tu-sais-quoi-surprise-qui-va-te-faire-grossir-en-moins-de-deux*, je ne sais pas si j'aurai assez la patate à côté de toi.

— Merci d'employer des termes masqués façon *celui-dont-on-ne-doit-pas-prononcer-le-nom* pour Crapaud ! Je sais, je suis en feu… Les hormones ! Je me sens vivante. Invincible… C'est fou, j'exulte alors que je devrais me décomposer de trouille.

— Peut-être que, cette fois, ton corps sent que tout va rouler ?

— Si j'ai bien appris une chose, c'est de ne présager de rien.

— Tu ne surjoues pas l'excitation pour camoufler tes craintes ? Tu es certaine de ta décision ? Sûre de vouloir réellement couver, ouvrir ce *Kinder-surprise*, s'il est viable… et en solo si Pierre n'en veut pas ?

— Affirmatif, madame.

— Je t'aime, toi ! Tu reprends enfin pleine confiance.

— J'ai tenté pas mal de nouvelles choses ces derniers temps mais pas de quoi sortir ma vie de sa pause… Et je crois que cette surprise est exactement ce qu'il me fallait.

— Ta voyante avait vu ce rebondissement dans ton utérus ?

— Même pas. Elle m'avait dit que mon amour avec Pierre n'était pas fini… Loupé ! Et aussi, que j'allais remercier un jour le chaos de s'être immiscé dans ma vie. C'était peut-être là sa manière de me dire que je n'aurai jamais accepté un tel *baby-surprise* sans avoir autant morflé auparavant ?

— Peut-être.

— Ah si ! Je t'avais dit qu'elle avait glissé un petit bout de papier dans la poche de ma veste sans me prévenir ? Je l'ai découvert bien des jours après notre séance… C'était un petit mot façon *fortune cookie* écrit à la main : *votre talent sera reconnu.*

— C'est qu'elle commence à me plaire cette fameuse Étoile sans nom !

— Et si mon talent était d'avoir su ne pas périr ? De ne pas avoir perdu toute ma foi en l'avenir ?

— Tu as tous les talents du monde, pas besoin d'un pense-bête de biscuit chinois pour le percevoir… Mais j'aime bien les manigances de cette voyante. En tout cas, tu es reboostée, c'est tout ce qu'on souhaitait depuis plus d'un an.

— Merci, je ne sais pas si les prochains mois seront heureux, mais j'avance bien accompagnée.

— Je reste auprès de toi, quoi qu'il advienne. Comme on a toujours procédé depuis nos années *collège-appareils-dentaires-sacs-Eastpak*.

Crapaud s'était endormi sur la cuisse de mon amie, qui lui caressait les cheveux durant notre échange. Il devait déjà rêver à notre visite du Colisée, prévue le lendemain, s'imaginer gladiateur… Charlotte commanda une nouvelle tournée, en prenant garde à ne pas réveiller mon fils. Ne pouvant plus bouger ses jambes ni faire trop d'éclats, elle décida qu'il était temps pour une confidence.

Elle baissa d'un ton pour m'annoncer ce qu'elle était véritablement venue faire à Rome avec nous :

— Tu viendrais me voir si j'avais un appartement pas loin d'ici… genre vers la piazza Navona ?

— Tu es sérieuse ? Évidemment ! Je m'en doutais, ma Charlotte ! Ce séjour ici, ce n'était pas juste pour manger des pizzas et me réconcilier avec l'Italie.

— J'ai besoin de quitter Paris.

— Ah. Toi aussi…

— Oui. J'ai gardé ça pour moi mais je vais poursuivre l'un de mes clients pour harcèlement. Le salaud m'a prise pour sa poule au lieu de sa graphiste, un soir. Ça a dégénéré… Je suis grillée à Paris. J'ai une grosse baisse de contrats depuis que j'ai ébruité l'affaire…

— Et bien sûr, c'est toujours sur la femme que tout retombe.

— Ouais. Fais chier. Mais je vais juste me battre pour récupérer mon fric. Le reste, j'abandonne. J'ai un ami français à Rome qui m'a déjà proposé plusieurs missions ici, ça serait un nouveau départ… Vous avez toutes vos vies : Mona avec sa petite fille, Louise avec son kiné et ça devient sérieux… et toi avec toutes les merveilles qui t'attendent. J'ai besoin de faire exploser les murs de ma vie aussi. Et qui sait ce que je vais trouver ici ?

— Je suis désolée qu'il ait fallu un événement si sordide pour que tu fasses ce choix… Mais je te soutiens. À 1 000 %. Tu ne feras plus baby-sitter de Crapaud mais tu nous verras débarquer à Rome toutes les vacances scolaires !

Avec Charlotte, nous ne nous étions jamais quittées depuis le collège. Ce serait un petit pas pour l'univers, mais un grand pas dans nos parcours d'adultes. À cet instant précis, le bar de l'hôtel-restaurant branché où nous nous trouvions passait la chanson *Stand By Me* de Ben E. King. Comme une évidence. Avec mon amie, nous nous regardions, fières. Conscientes qu'il faudrait un tremblement de terre pour nous séparer. Conscientes aussi d'être, peut-être, en train de prendre les meilleures décisions de nos vies.

Mon mec à moi

Vendredi 22 décembre 2023

Était-ce cela la vie d'une femme ? Posséder un utérus impliquait-il de toujours faire preuve de courage pour deux ? Pourquoi les super-héros avaient-ils été principalement imaginés masculins si c'était nous, les femmes, qui détenions le pouvoir de faire basculer la vie d'un côté ou de l'autre ?

Depuis le réveil, j'avais des fourmis dans les mains. Du mal à articuler mes dix doigts. Je les secouais avec la désagréable impression d'avoir été anesthésiée durant mon sommeil. C'est alors que je faisais de grands gestes avec mes paluches, comme si je séchais un vernis imaginaire, que Pierre se décida à pousser la porte du café parisien dans lequel je l'attendais. En le voyant se diriger vers ma table, je sentis mon cœur s'affoler. J'avais pris ma décision durant ma courte escapade en Italie, je ne reviendrais pas dessus, mais cela ne signifiait pas qu'elle lui plairait.

— Emma, ça va ? Tu as l'air étrange.

Et voilà ! Je lui paraissais déjà bizarre sans avoir même entamé la discussion qui ferait très certainement basculer notre relation dans une nouvelle ère. Je détestais qu'on me dise que *j'avais l'air ceci ou cela.* Est-ce que je pouvais juste paraître ce qui me plaisait ? Ce qui me passait par la tête sans me sentir jugée ? Je présentais trop de signes extérieurs d'anxiété ce matin. Je détestais qu'il l'ait remarqué. Depuis mon message vocal laissé sur son répondeur au sortir du laboratoire, j'avais passé plusieurs nuits blanches en songeant à Pierre.

Mes soirées romaines, alors que Crapaud et Charlotte dormaient paisiblement, avaient consisté à rédiger à la lumière de la lune une liste conseillée par ma psy: celle des raisons de pardonner à Pierre. Lorsque je lui avais confié que je pensais ne pas en avoir encore terminé de mon histoire avec le père de mon fils, elle s'était montrée compréhensive en me demandant de sceller par écrit le pourquoi d'une telle volonté de paix.

Je voulais recoller les morceaux entre nous. Sans le forcer à revenir, à reparaître comme ma moitié. Juste lui donner une chance de rester un fidèle allié. Deux ex à la relation apaisée comme j'en voyais souvent au cinéma. Et moins à la ville. Merde après tout! Il était encore mon contact d'urgence. L'homme inscrit sur tous mes documents administratifs. Comment avions-nous pu en arriver là? À ne plus s'adresser la parole et à se fuir comme la peste 90 % du temps?

Après avoir commandé deux boissons chaudes, un thé vert pour moi et un café allongé pour Pierre, il n'y avait plus de retour en arrière possible. Des sons devaient sortir de nos bouches. Nous utiliserions notre salive à bon escient cette fois...

Et Pierre se lança le premier:

— J'ai cru que tu n'allais jamais me demander qu'on se rencarde pour discuter sérieusement!

— Comment ça?

— Tu es partie sans même me dire au revoir. Tu le fais exprès ou tu ne te souviens pas?

— Ah. Après la nuit chez toi ? Oui, je pensais que tu ne voudrais pas me voir dans ton lit au petit matin. Que peut-être une autre femme vivait chez toi…

— Mais qu'est-ce que tu racontes ? Tu t'es fait des films, sérieux.

— Tu ne m'as jamais rappelée, Pierre. Pas même un texto à ce sujet, juste des mots ordinaires pour me parler de Crapaud. Comme s'il ne s'était rien passé entre nous ! Tu regrettais mon passage dans ton lit ce soir-là, c'était clair. J'ai bien fait de ne pas être celle qui se prend une crampe en te disant que j'avais aimé notre rapprochement… que je nous imaginais déjà retrouver notre complicité, peut-être même nous remettre ensemble un jour…

— Moi aussi j'ai ressenti des choses, je ne voulais pas que tu t'en ailles ! Tu t'es barrée en douce, Emma !

— Parce que je ne savais pas si tu avais tourné la page. Il y avait toutes ces affaires dans ton salon qui n'étaient pas les tiennes… Ne me prends pas pour une cruche, Mona t'a aperçu proche d'une autre dans un bus en avril dernier…

Pierre se décomposait. Je voyais bien qu'il respirait fort pour garder son calme. Ne pas exploser. Renverser la table et l'intégralité de son contenu sur un coup de rage.

— Mais vous êtes de vraies dingues, toi et tes copines ! Ça vous arrive de vous dire que peut-être vous vous montez la tête avec toutes vos histoires ? Que peut-être je ne suis pas le méga-salaud que tu voudrais que je sois ?

— Je n'ai jamais pensé que tu étais un salaud… Enfin, si, j'ai imaginé que tu m'aurais laissée crever dans l'eau gelée si l'on avait pris la place de Rose et Jack sur la planche du Titanic…

— Arrête. Les gamineries, ça va cinq minutes.

— Ah, parce que c'est moi la gamine dans notre duo maintenant ? Je suis une enfant peut-être après avoir tout pris sur moi pendant des mois ? Après avoir subi ce que j'ai subi sans broncher ?

— Non… je n'ai pas dit ça. Juste que parfois vous pensez vivre dans des séries télé avec tes potes ! La fille dont parle Mona, c'est une des professeures remplaçantes de mon lycée qui avait besoin d'un bout de canapé pour deux mois avant d'avoir les clés de son nouvel appartement. Je lui ai proposé de loger certains jours chez moi, comme des colocs. Franchement, financièrement, je galère. Alors, j'ai surtout vu l'aspect pécunier de ce petit arrangement entre collègues…

— Et il ne s'est jamais rien passé ?

— Bah, non ! Tu crois quoi ? Que les femmes me tombent toutes dans les bras ? Que je le cherche d'ailleurs ? Que j'en ai l'envie ?

— Cette nuit-là, c'est moi que tu voulais vraiment alors ?

— Bien sûr. Ça a toujours été toi, Emma.

Je ne savais plus où me foutre. Mes mains continuaient de fourmiller et je ne tenais plus en place. Dans la tête de Pierre, il ne s'était jamais vraiment séparé de moi. Notre couple n'avait pas fini aux ordures ; il m'aimait encore. Malgré son besoin d'un break pour s'éloigner. Pour digérer la perte de notre fille.

Tous deux, nous avions eu cette nécessité d'un point sur nos vies… sans pour autant l'envisager de la même façon. J'aurais préféré qu'il reste au moment où lui avait la sensation qu'il devait s'éloigner. Nous aurions pu passer la serpillière sur nos larmes ensemble. Lui se disait que nous aurions coulé…

Briser enfin le silence avec Pierre, cesser de taire nos reproches, nos égarements, nos affabulations, me procurait une consolation immense. Cet homme, le mien, me faisait du bien. Seule, j'avais pris le chemin le plus long, mais aussi le plus sûr, pour me relever. Si Pierre était resté, je me serais précipitée, moins lamentée. J'aurais voulu préserver le couple au détriment de mon équilibre. Faire cette *pause* pour réparer l'individu avant le groupe... Son idée n'était peut-être pas si mauvaise finalement. Pierre nous avait épargné des disputes stériles. En quittant la maison lorsque j'étais au plus mal, il savait que je le détesterais, mais il ne pouvait pas être un meilleur booster de ma guérison. Il reprit notre conversation :

— Tu savais que la mort périnatale provoquait la séparation d'un couple sur deux ?

— Non. Mais je le comprends tout à fait.

— C'est pour cela qu'il valait mieux s'éloigner tous ces mois. On était des épaves après la perte de notre fille, Emma. On n'a fait que s'engueuler. On se serait dévorés l'un l'autre. Comme deux zombies qui ne savent plus discerner le bien du mal...

— Sympa la comparaison !

— J'ai voulu qu'on se ressente vivant, chacun de notre côté... chacun notre rythme, avant de reformer une famille. Je n'ai jamais voulu te quitter, je te le répète. Au contraire, j'ai tout fait pour qu'on puisse redevenir un couple pour Crapaud à l'avenir.

— Tu sais, il y a quelque temps, j'ai revu Lucas. Lucas Boulé. Mon ex.

— OK...

— Juste pour un verre. Rien de plus.

— Je dois m'inquiéter ?

— Non. Il était dans une sorte de quête de vérité. Il voulait profiter de son célibat pour s'améliorer. Devenir une version meilleure de lui-même... pour celle qu'il rencontrerait bientôt. Et tes mots sur notre séparation m'ont fait penser aux siens.

— On ne s'est pas séparés, c'était une *pause*... On s'est bonifiés, Emma, on a grandi. Même si pour cela, il nous a fallu perdre un bébé et du temps l'un sans l'autre... Tu sais, je l'aimais notre fille. Je ne veux pas que tu en doutes une seconde. Je pense encore à elle tous les jours, mais aujourd'hui, au lieu d'en vouloir à la terre entière, je la remercie de nous avoir montré comment nous battre.

— ...

— Ton thé va être gelé si tu n'y touches pas.

— Je sais. J'ai envie qu'il le soit, comme d'habitude... Tu sais, je t'ai caché autre chose à part des rendez-vous avec d'autres hommes durant notre break.

— Je t'écoute.

— J'ai couvé un autre bébé pendant que je pleurais celui disparu. J'ai écrit, beaucoup. Énormément même. Et... Et puis, en assemblant toutes ces pages, ça a donné un livre. Un récit que j'aimerais faire publier.

— Emma ! Je suis si fier. Je sais que tu en as toujours rêvé. J'espère que cette fois un éditeur va te repérer. Si tu t'es servi de ce que tu as traversé depuis plus d'un an, cette histoire est forte. Elle pourrait parler à beaucoup d'autres.

— Merci, ça m'a ôté un poids d'écrire. Et là, ça me fait chaud au cœur que tu croies toujours en moi.

— Je resterai toujours ton premier fan.

Pierre me glissa un clin d'œil. Il venait de regagner mon cœur en quelques mots. L'avait-il perdu un jour ? Je retrouvais aussi son visage. Ses expressions étaient redevenues celles que j'avais connues pendant des années.

C'était mon mec à moi. Non plus un inconnu dont le comportement m'échappait. Il était de nouveau la belle gueule aux traits détendus. Ses grands yeux marrons, avec une touche de vert, me refaisaient craquer.

S'il le voulait autant que moi, il pourrait encore être le père de l'un de mes enfants ; il fallait que je lui parle de ce qui s'écrivait en ce moment même dans mon ventre.

Resterait-il aussi heureux de me retrouver en apprenant cette grossesse surprise ? En comprenant que je ne ferais rien pour contrer son évolution si elle devait tenir jusqu'au bout ? Le voyant fureter dans ses affaires, sur le point de se lever pour fumer une cigarette à l'extérieur du café, je le stoppai net.

— Ne sors pas t'intoxiquer maintenant. Tu auras besoin de prendre l'air après ce que j'ai encore à t'annoncer… Et d'ailleurs, ce serait mieux si tu commençais dès à présent à arrêter la clope.

Un voile recouvrit son regard ; il m'interrogeait de tout son être. Nous venions de balayer large. C'était une caméra cachée ? Nos échanges ne pourraient-ils plus jamais se finir sans un *cliffhanger* ? Je le sentais agité et mon annonce n'allait pas arranger les choses.

Mon plus gros secret

Vendredi 22 décembre 2023, au café… (suite)

— Je suis enceinte, Pierre.

— Quoi ?

— Je crois que tu as très bien entendu. Je porte un ou plusieurs de tes bébés en ce moment même. Je l'ai appris juste avant de m'envoler pour l'Italie avec Crapaud et Charlotte.

— Mais… Mais, tu en es sûre ? Tu as fait tous les tests ?

— Une dizaine, oui, et une prise de sang. C'est une grossesse évolutive pour l'instant. Je n'ai couché avec personne d'autre que toi, si tu te poses la question… Donc ce ou ces bébés sont les tiens. Ça date de notre nuit ensemble fin septembre, lorsque Crapaud était malade… Et j'ai décidé de poursuivre la grossesse si elle tient bon, quitte à le faire en solo.

Cet échange était lunaire.

Il fallait se rendre à l'évidence : Pierre avait été mon coup d'un soir durant notre break. Je n'avais pas les codes de tout ce que cela signifiait. J'annonçais cette grossesse avec précaution. Comme si je ne connaissais rien de lui. Comme s'il était vraiment mon aventure sans lendemain. Ce que je ne souhaitais pas… Le Pierre d'après, celui dont la paternité avait pris un sérieux coup de poignard, allait-il se réjouir de mon taux d'hormones bêta-HCG ? Je ne savais rien de ses plans. S'il espérait encore des enfants ou si le décès de notre fille l'avait refroidi.

— Excuse-moi, il me faut cinq minutes. Je sors respirer dehors. J'étouffe... Je reviens.

Les cinq minutes s'étaient transformées en dix. Je pouvais apercevoir la silhouette de Pierre au travers des grandes baies vitrées du café. Il faisait des allers-retours sur le trottoir sans prendre garde d'éviter les passants. Tête baissée. Sa main droite venant frénétiquement porter une dose de nicotine à sa bouche. Il tentait de comprendre, je le voyais bien. Il n'y avait pas de bonne ou de mauvaise réaction à la nouvelle que je venais de lui jeter en pleine figure.

Pierre devait juste composer avec ma décision ; choisir s'il voulait ou non me soutenir pendant les six prochains mois qu'il restait à cette grossesse ; s'il se sentait d'élever une telle surprise à mes côtés, s'il en avait les épaules ; si cela ne le briserait pas davantage... alors même qu'il venait juste de se redresser.

Mon cœur fit des bonds lorsque je le vis revenir sur sa chaise, après une quinzaine de minutes passées dehors.

Il ne me laissa pas l'occasion de commencer une phrase et me prit brusquement dans ses bras. Son étreinte était chargée en émotions. En nicotine aussi. L'odeur du tabac me filait la nausée mais je me retins de le repousser.

Il s'éloigna un peu de moi avant de s'emparer avec la même puissance de mes deux mains. Mes doigts dans les siens, il ne me lâchait plus. Je songeai qu'ils n'étaient plus aussi anesthésiés qu'au début de notre discussion.

Pierre finit par parler. Il avait également tranché :

— Punaise… Emma. Je ne m'ennuierai jamais avec toi. Ça, c'est certain.

— Je ne te le fais pas dire.

— Il y a encore quelques mois, peut-être même quelques semaines, envisager un autre bébé m'aurait tué. Je ne voulais plus avoir à craindre de te voir souffrir ou mourir. Je refusais de connaître ou de devoir assumer de nouveau ma part d'une vie qui pouvait être fauchée avant même son commencement…

— J'ai été comme toi, Pierre. Mais aujourd'hui je me sens prête pour cette grossesse. Je suis morte de trouille mais l'envie d'aller le plus loin possible est plus forte. Et c'est un véritable cadeau qui s'offre à moi, à nous.

— C'est ton ventre, c'est toi qui as le dernier mot.

— Tu veux le faire avec moi ? Je ne t'oblige à rien ; je peux très bien vivre tout ça simplement avec mes amies…

— Tu plaisantes ou quoi ? Crapaud va peut-être enfin devenir grand frère, je veux participer à toutes les étapes ! Je ne vous lâcherai plus. Et si on tombe à nouveau, on trouvera une manière de se donner de l'espace sans break, promis. Sans se séparer. Je refuse de repartir de la maison. Avec cette grossesse, tu viens de signer pour quelques années de plus auprès de moi… Ça te va ?

— Je m'étais préparée à tous les scénarios… Mais mon préféré était que l'on retrouve notre complicité autour de cette grossesse arc-en-ciel… même si, je te préviens, ça ne va pas être du gâteau tous les jours de ne pas stresser !

— On se fera des cheveux blancs ensemble !

— Ça me paraît un bon deal… Au fait, tu dis que tu ne veux plus jamais avoir à dire au revoir à notre maison. Mais j'ai fait venir un agent immobilier pour l'estimer. J'aimerais la mettre en vente, si tu es d'accord. Je vois du sang de partout sur les sols, les murs… Ce n'est pas réel, je sais bien. J'ai simplement besoin d'ailleurs. De changement. Je me disais qu'on pourrait en profiter pour quitter Paris en début d'année ?

*

Pierre avait réemménagé au lendemain de notre face-à-face au café. Son appartement, son trois-pièces au pied du métro Mairie des Lilas, il l'avait refilé à un collègue du lycée dont la situation familiale et financière ne semblait pas intéresser beaucoup de propriétaires parisiens. Celui auquel Pierre avait eu affaire pour ce pied-à-terre durant notre break était un ancien fils de profs. Il lui paraissait logique de louer à des enseignants du public. Et cela arrangeait bien Pierre et ses confrères, au vu de leurs fiches de paie qui ne passaient que rarement au-dessus des piles des dossiers d'aspirants locataires.

Pour Crapaud, le retour de son père sous le toit de la maison familiale semblait une simple formalité. Il ne paraissait jamais avoir imaginé que cela puisse se terminer autrement. Ces mois séparés avaient été de son point de vue une transition peu compréhensible pour d'autres que des adultes. Et, aujourd'hui, il était temps que les *grands* stoppent leur manège. Pierre ne devait rien avoir à faire loin de lui, la garde partagée, il avait détesté cela. Son père et sa mère formaient une entité indissociable. Nous ne possédions pas le droit de lui imposer un éloignement. Un choix impossible entre ses deux parents.

Je profitais d'un instant de tranquillité, alors que Crapaud et son père s'amusaient dans le jardin, dont l'herbe avait été recouverte dans la nuit d'une fine couche de neige, pour finaliser certaines de mes affaires.

Installée dans le salon de la maison, je les observais depuis le canapé se lancer la balle, leurs baskets blanchies par le froid hivernal. Leurs bouches expulsaient de la *fumée*. Ils couraient dans tous les sens et riaient à gorge déployée. Ils faisaient plaisir à voir. Je mis quelques minutes avant de comprendre que Crapaud avait proposé à son père de se faire des passes avec le ballon de football *vintage* et *collector* du mien, de père. De son grand-père.

Ce trésor familial récupéré depuis peu – envoyé dans une boîte par Bruno, l'ex-croque-mort dont je n'avais jamais eu d'autres nouvelles – était le protégé de Crapaud. Ce vieil objet apparu inopinément sur son étagère lui avait été envoyé par des amis pirates, il en était convaincu. Il s'était inventé toute une histoire et pensait que son rôle consistait dorénavant à être le gardien de cette balle *magique*. Il ne sortait jamais le ballon devant ses copains d'école. Seul Pierre avait pu, jusqu'alors, taper dedans avec lui.

Face à ce tableau, somme toute banal, de la vie d'une famille, je sentis disparaître la chape de plomb qui pesait sur ma poitrine. Je respirais sans à-coups, avec une étonnante facilité, comme je ne l'avais pas fait depuis des siècles. Cette scène, où Crapaud utilisait le ballon fétiche de mon père avec le sien, me redonnait vie. C'était comme si toutes les parties de ma vie s'imbriquaient enfin parfaitement.

Sans défaut de positionnement cette fois.

Je toquai à la vitre pour attirer l'attention de mes deux Kylian Mbappé pour leur demander s'ils pourraient, plus tard dans l'après-midi, aller jouer un ticket de loterie. Nous renouions avec la chance, cela me semblait clair : il nous fallait tenter de la saisir fermement pour ne pas risquer qu'elle nous quitte.

Une fois revenue à mon canapé, je disposai sur un bout de table basse face à moi deux tas de feuilles. L'un des tas était bien plus épais que l'autre. Sur plusieurs grandes enveloppes, j'inscrivis des noms de destinataires. Des noms de maisons d'édition. Parfois des noms de personnes. Sans prendre la peine de trop réfléchir, je fourrai les exemplaires du manuscrit rédigé après la perte de ma fille dans ces larges enveloppes en kraft. Et hop. Comme ça. En quelques pliages et ajouts de timbres, il irait peut-être trouver une bonne âme pour le faire paraître. Le sortir, l'exposer aux autres. Partager mes humeurs, mes réflexions, durant cette année de deuil, de transition, de désillusions et de métamorphose.

Je n'avais pas l'estomac noué. Mon histoire plairait ou ne plairait pas. Je n'y pourrais rien changer. Elle était maintenant écrite. Ces pages m'avaient déjà fait plus de bien que ce que j'espérais, leur publication ne serait que du bonus. Je savais que briser le silence en racontant mon expérience de la maternité déçue pourrait aider d'autres femmes. Atténuer la solitude d'êtres blessés. Cela pouvait effrayer aussi, à l'évidence.

Une fois les grandes enveloppes pleines de mon manuscrit, je m'attaquai à la fine pile de papiers restante sur la table basse. Ces dernières feuilles, j'avais sorti mon plus beau stylo-plume pour les noircir et j'eus bien du mal à dissimuler leur existence dans une petite enveloppe blanche. J'aurais aimé les garder auprès de moi. Le grain de ces quelques papiers tartinés de ma prose encore présent sur mes doigts, je scellai la fermeture de ce dernier pli d'un baiser de mes lèvres. Embrasser cette petite enveloppe comme pour en garder le goût, l'odeur ou lui conférer la mienne…

Sur la face, je notai un destinataire. Ma vue se floutant à chaque lettre de ce : *Vers les étoiles*... Les larmes me montaient, je replaçai le capuchon sur mon stylo-plume. Cette dernière enveloppe contenait mon cœur. Cette lettre, différente des cinq autres volumineuses et timbrées, ne portait, elle, aucun affranchissement. Une fois postée, elle poursuivrait sa route là où les éléments devraient la mener. Je lançais une bouteille à la mer.

Les petites pierres

Mardi 9 janvier 2024

Ce mardi matin signait la fin des vacances scolaires. En allant réveiller Crapaud plus tôt qu'il en avait eu l'habitude durant ces semaines de fêtes de Noël, je me glissai habillée sous sa couette. Son lit était encore chaud, son corps légèrement humide dans son pyjama à manches longues. Sa respiration profonde. Son doux visage se tourna vers moi alors que je lui offrais des baisers dans le cou pour lui signifier ma présence.

Les réveils avec Crapaud avaient toujours été simples. Depuis sa naissance. Rarement de pleurs, de crises, de mauvaise humeur. Il aimait qu'on vienne le câliner un bref instant, le temps qu'il émerge de ses rêves, avant de se lever d'un bond sans contestation. Il enchaînait avec son programme d'avant école : pipi, lavage de mains, vêtements, petit déjeuner, brossage de dents, *manteau-cache-cou-bonnet*, sac à dos et puis décollage pour sa journée en moyenne section de maternelle.

Mon bébé n'en était plus un. Il gagnait en autonomie et m'épatait comme seule une mère peut être impressionnée par sa progéniture. Il aurait été le meilleur grand frère qu'une petite sœur pouvait espérer. Il se préparait déjà pour cette promotion en regardant chaque jour d'un œil curieux mon ventre qui, pour l'heure, n'avait pas grossi. Si les comptes étaient bons, j'en étais déjà à trois mois de grossesse. Pile la période où tout avait basculé avec l'apparition des premiers saignements lors de la précédente.

La gynécologue-obstétricienne, spécialiste du placenta *prævia*, qui m'avait été conseillée pour me suivre dans cette troisième grossesse surprise, avait déplacé des rendez-vous afin de me recevoir vite en ce début d'année. Il fallait procéder à l'échographie du premier trimestre. Déceler tout ce qui pouvait l'être avant de s'emballer.

J'avais fini par tout raconter à Crapaud. Lui, Pierre et moi jouions dans la même équipe. Il ne pouvait pas être exclu une nouvelle fois. Il avait eu si peur pour moi lors de mes longues hospitalisations en 2022 qu'il lui fallait à présent connaître toute l'histoire. Il savait désormais qu'un bébé pouvait atteindre les étoiles avant même de rejoindre sa famille. Lui, comme nous, avait grandi. Il connaissait désormais la mesure, la méfiance.

Crapaud avait joué un rôle si essentiel dans mon rétablissement qu'il ne pouvait plus rester celui qui ignore. Et ce matin, alors qu'il se tenait dans la cuisine et trempait des biscuits chocolatés dans son lait, il se souvint qu'après l'avoir déposé à l'école, j'irais à ma consultation gynéco. M'assurer que cette grossesse n'était pas un pétard mouillé. Que la poisse avait bien changé de camp.

Si je ne me fiais qu'aux signes, il fallait avouer que, depuis trois mois, je ne ressentais absolument rien. Aucun symptôme physique. Depuis ma nuit avec Pierre fin septembre, je n'étais ni fatiguée, ni ballonnée. Ma poitrine pas plus gonflée ou sensible. Je n'avais simplement plus mes règles.

Je profitais d'une trêve. Une période sans prise de tête, sans crispation devant une goutte de sang. S'il n'y avait pas eu tous ces tests positifs et ce délirant taux d'hormones bêta-HCG, je ne me serais pas pensée enceinte. C'était peut-être mieux ainsi. Mon corps refusait certainement de l'admettre. Un déni était-il possible en se sachant pleine ? J'avais tellement eu l'envie d'un autre bébé après le drame, de le tenir dans mes bras, que cette grossesse avait bien du mal à s'inscrire au-delà du fantasme.

Ce mardi matin, j'accompagnais donc Crapaud jusqu'à la porte de son établissement scolaire. Sur le court chemin depuis notre maison, il m'avait broyé la main tant il tenait à me faire sentir sa présence. Nous avions marché lentement, sans nous parler. Lui avec son sac d'écolier sur le dos, moi avec mon sac à main et un tote bag à l'épaule contenant des courriers. Il ne me le formulait pas mais il savait à quel point sa main compressant la mienne signifiait gros aujourd'hui. Toutes les énergies étaient bonnes à prendre.

Juste avant de rejoindre sa classe et son monde à lui, Crapaud enfouit son visage dans mon cou pour me dire à l'oreille :

— Peu importe l'image sur l'écran de télévision, maman, tu restes la plus belle de toutes les filles du monde entier !

Cet enfant était une perle rare.

Une de celle qui ne se résume pas à sa valeur pécuniaire, à sa finesse... mais au fait qu'elle est la chance d'une vie pour toute personne susceptible de la rencontrer.

En me dirigeant vers mon deuxième lieu de rendez-vous de la matinée, l'odeur de Crapaud encore sur mon écharpe, je décidai de marcher un peu plus. Un léger détour pour croiser la route d'une boîte aux lettres. Je zigzaguais sur les trottoirs en prenant soin d'éviter que mes semelles de chaussures ne touchent l'une des nombreuses lignes inscrites au sol.

C'était notre jeu de rue avec Crapaud. Ne jamais marcher sur certaines traces, sous peine d'être désigné grand perdant du trajet. Aujourd'hui n'était pas un jour pour perdre. Et je me fichais royalement du regard des autres. De passer pour une excentrique en sautant par-dessus des bandes au sol, en m'arrêtant net pour changer de pied, en accélérant le pas ou en effectuant soudainement de grandes enjambées…

Arrivée devant un imposant bloc jaune, je restai enfin immobile. Devant moi, deux fentes comme deux yeux plissés face au soleil refusant de s'ouvrir sans que l'on y insère nos mains. L'une pour glisser les courriers à destination de la ville de Paris et de l'Île-de-France, l'autre pour le reste des départements et l'étranger. Je fouillai dans mon tote bag pour en sortir cinq énormes enveloppes et une lettre bien plus légère. Les cinq plis contenant chacun les centaines de pages de mon manuscrit s'engouffrèrent dans la fente réservée aux affaires parisiennes. La dernière lettre, celle sur laquelle n'avait été collé aucun timbre, je la pinçai fort.

Mes mains comme soudées à elle.

Cette lettre, lorsqu'elle quitterait mes doigts, lorsqu'elle tomberait dans ce bloc où s'entassent des tas de courriers avant d'être relevés par La Poste, elle m'échapperait. Je l'embrassai une dernière fois tout en fermant les yeux, en prenant une longue inspiration. Ce n'était qu'une petite enveloppe blanche, mais j'avais l'impression qu'il me fallait autant de force pour l'insérer dans la fente *autres départements et étranger* que celle qu'il m'avait fallu pour lâcher la main de Crapaud lorsqu'il n'était qu'un bébé faisant ses premiers pas.

Cette lettre devait partir vivre sa vie… retrouver son destinataire, suivre son propre chemin. En reprenant ma marche vers mon rendez-vous, le cœur ne sachant plus s'il devait s'emballer ou non, je repensais à ma séance avec la voyante L'Étoile sans nom. Elle n'avait pas servi à rien.

Mille fois, j'aurai préféré oublier de poster cette lettre.

Mille précédentes fois, j'aurai d'ailleurs préféré ne jamais la rédiger. Sa remarque, juste avant que je la quitte, « *Vous n'oublierez pas de poster la lettre ?* », avait eu cet étrange pouvoir sur moi. De me faire comprendre qu'il fallait bien une lettre pour avancer. Et qu'il me fallait bien la jeter dans cette fente pour qu'elle existe.

Une fois ce stop postal effectué, je poussai la porte vitrée du studio et laboratoire du photographe de mon quartier. Sur la devanture de la boutique, des séries de clichés types et le détail des activités : développement argentique et numérique, shooting photo sur demande, tirage, numérisation, agrandissement, encadrement, photos d'identité… Ma commande, effectuée il y a seulement quelques jours, m'attendait déjà. L'associée du photographe, qui n'était autre que son épouse, me tendit sa réalisation avec fierté :

— Le rendu est top ! C'est une bien belle photo que vous avez prise et voulu encadrer. Je suis presque jalouse de ne pas pouvoir l'accrocher chez moi !

Son commentaire sur mon achat paraissait sincère. Je découvris sous le verre translucide d'un cadre rectangulaire de quarante par cinquante centimètres, aux bords cuivrés, le tirage agrandi d'une photographie prise par Charlotte lors de notre récent séjour en Italie.

Sur ce cliché, immortalisé lors d'une balade au Foro Romano, Crapaud avait empilé quatre pierres, des cailloux aux formes et tailles différentes ramassés au gré de nos déambulations. Malgré leur allure instable, chacune de ces pierres gagnait en équilibre au contact de l'autre. La maîtresse d'école de Crapaud venait de lui apprendre ce qu'était un *inukshuk*, cet empilement de matière minérale solide servant de point de repère au peuple inuit.

Avec application, il m'avait pris le bras pour me faire approcher de son amoncellement de cailloux. La vue était sublime, son balisage miniature se dressait au beau milieu des vestiges de la Rome antique. Il m'avait expliqué à voix basse qu'il avait choisi quatre pierres, pour représenter son père, lui, moi et le bébé dans les étoiles. Nous nous supportions les unes les autres. Nous tenions droit, ensemble. Nous devenions une boussole au milieu des ruines.

Charlotte n'avait pas eu besoin des mots de Crapaud pour comprendre son geste. Avec sa tour de pierres, son *inukshuk* improvisé, il rendait à chacun sa juste place dans la famille. Crapaud savait toute l'importance de me montrer qu'en se désintéressant de cette minuscule quatrième pierre, c'était toute l'harmonie qui se trouvait fragilisée. Nous avions été quatre pierres, même si l'une de nous n'avait jamais roulé seule. Nous resterions quatre, voire plus, mais nous ne pourrions être moins.

Charlotte avait attendu que je parte avec Crapaud explorer d'autres recoins de ce lieu chargé d'histoire pour immortaliser cette petite construction et son arrière-plan. Elle savait que cette photo compterait pour notre famille. Qu'elle m'indiquerait toujours la bonne direction…

Et elle ne s'était pas trompée. J'avais souhaité, dès mon retour d'Italie, faire tirer cette image dans un large format. Je l'avais voulue joliment encadrée avec une marie-louise blanche. Au dos de ce cadre, je glisserais le bracelet rose de naissance de ma petite étoile. Enfermée auprès de ce cliché, elle ne quitterait jamais plus nos murs. Peu importe où nous habiterions.

En quittant la boutique du photographe, le cadre sous le bras, je ne pus m'empêcher de sourire. Je montrais l'intégralité de ma dentition à qui voulait bien la voir. Je ne modérais pas l'ouverture de mes lèvres. J'avais toujours trouvé louches les personnes souriant sans raison apparente. Au vent, au monde. Juste comme ça, parce qu'elles ne pouvaient contenir leur joie intérieure. Et j'en faisais désormais partie.

J'étais satisfaite d'avoir enfin trouvé une cachette honorable à ce bracelet. Ce bracelet que j'avais tant redouté posséder. Ce bracelet dont je ne savais que faire, où le laisser reposer, avant la construction inventée par Crapaud à Rome. Je pouvais souffler. Je pouvais me rendre à mon échographie plus légère qu'à mon réveil.

Parfois, le poids se joue à presque rien.

À quelques soucis en moins.

I Will Survive

Pierre devait me rejoindre directement au cabinet de la gynécologue-obstétricienne à onze heures. Ce matin, il apportait des documents au lycée où il enseignait avant de me retrouver. Je déposai le cadre à la maison afin de me décharger puis je décidai d'entreprendre le reste du chemin à pied. Le centre médical n'était qu'à deux arrêts de métro.

Je voulais marcher le plus possible. Me mouvoir tant que cette grossesse ne clochait pas. Être alitée, je l'avais expérimenté et revivre cadenassée à un matelas ou un canapé, non merci. Donner la vie, ce n'était pas ça. Donner la vie, c'était rester vivante, en mouvement, alerte. C'était se sentir plus lourde, encombrée. Mais aussi se sentir en paix. Et, cette fois, j'avais décidé de crapahuter jusqu'à ce qu'un médecin me l'interdise. S'il devait me l'interdire.

Depuis la perte de ma fille, je possédais une étoile en plus dans mon ciel pour me protéger ; j'aimais à croire que la vie me devait un dédommagement. Que, cette fois, je serais dans la file de celles dont les efforts sont récompensés. De celles qui peuvent galoper, toujours, sans risquer de saigner.

En m'installant sur l'un des nombreux sièges de la salle d'attente de la gynécologue-obstétricienne, j'ouvrais grand mes narines. Dans ce genre d'environnement clinique, il y avait toujours une odeur. Souvent, un parfum d'inquiétude, un trop-plein de produits nettoyants. Je savais que cela me donnerait l'envie immédiate d'allumer une bougie. De répandre de l'encens. De faire s'envoler ces effluves rappelant les hôpitaux.

J'avais passé trop de temps dans des services puant le désinfectant, je ne supporterais pas de traîner à nouveau ce genre de senteurs sur ma peau, sur mes vêtements. Dans la salle d'attente immaculée de cette spécialiste du placenta *prævia* qui m'avait été conseillée, la seule véritable odeur était celle d'un diffuseur d'huiles essentielles. Ça sentait le spa, la détente, la relaxation. Je pouvais presque m'imaginer en peignoir, prête à recevoir un massage suédois d'une paire de mains habiles.

Si cette échographie allait dans le sens de cette première bonne surprise olfactive, je pouvais arrêter de me ronger les ongles de suite.

En attendant Pierre et l'heure de mon rendez-vous, je me faisais le témoin de toutes les patientes reçues avant moi. Cet échantillon de femmes avait également de quoi me tranquilliser. Elles semblaient confiantes. Aucune ne tapait nerveusement du talon sur le sol. Aucune ne mâchouillait ses mèches de cheveux en attendant que la secrétaire prononce son nom, l'invite à se lever et lui indique la porte de la spécialiste d'un geste franc de la main. Il y avait peut-être quelque chose de louche dans ce diffuseur. Une huile plus illégale qu'essentielle qui mettait toutes ces femmes dans un état de calme absolu…

Mon téléphone troubla l'ambiance en sonnant fort pour annoncer l'arrivée d'un texto. Puis de deux… puis de trois.

Il s'agissait en réalité de plusieurs notifications WhatsApp. Le groupe « Les 4 Fantastiques » se réactivait en cette matinée si spéciale pour ma famille. Mona, qui cumulait les nuits blanches avec sa fille née il y a moins de deux mois, avait bien du mal à rédiger une phrase complète et compréhensible. Première de mes amies à se souvenir de la date de mon échographie, elle m'envoya toutefois un GIF de Larusso. Une image animée sur laquelle la chanteuse bougeait sa chevelure rousse avec écrit le texte *Tu oublieras* en petites lettres blanches. Une pensée décalée *made in* Mona. Les autres ne se firent pas prier pour renchérir. Louise qui avait consacré ses vacances de Noël à couvrir d'attentions son fils et son kiné, prit le train en marche avec sa réponse à l'image envoyée par Mona quelques minutes plus tôt :

OK pour Larusso, mais...
N'oublie jamais la Queen du disco Gloria Gaynor :
Au début j'avais peur, j'étais pétrifiée...
Et je me suis endurcie et j'ai appris
comment me débrouiller...
Oh non, pas moi, je survivrai...
Tant que je saurai aimer,
je sais que je resterai en vie... J'ai toute ma vie à vivre,
tout mon amour à donner...
Et je survivrai !

Charlotte avait repris un avion pour Rome quelques jours après notre retour d'escapade et elle cherchait un logement là-bas. Son appartement en région parisienne, proche de notre maison, elle le mettrait en location le temps de voir si la vie à l'italienne lui correspondait. Ce qui était bien avec Rome, c'est qu'il n'y avait aucun décalage horaire. Charlotte se montrait aussi présente pour nous depuis l'Italie qu'elle pouvait l'être en France. Les nouvelles technologies avaient certainement sauvé bien des amitiés à distance depuis leur existence. Charlotte répondit dans la seconde au dernier message envoyé par Louise sur le groupe.

Elle poursuivait ces paroles connues de toutes :

(Sans oublier, les filles, la reprise de Régine ou l'hymne des Bleus de 1998 par le Hermes House Band !!)
Ça m'a pris toute la force que j'avais
pour ne pas m'effondrer… Je me suis efforcée
de réparer les morceaux de mon cœur brisé…
J'ai passé tellement de nuits à me lamenter
sur mon propre sort… J'ai trop pleuré,
j'ai envie de rire aujourd'hui…
Je survivrai, je survivrai…

J'avais à présent la chanson en tête. *I Will Survive*.

Mes amies avaient raison, désormais, je survivrais à tout. J'étais déterminée à vivre. J'étais de fer. Assise dans cette salle d'attente, je fredonnais les paroles de ce titre, mes doigts battant le rythme sur mes cuisses. La femme que j'étais devenue voulait croire en cet air de victoire. On ne gagne jamais une partie en la pensant condamnée dès le début.

Mes amies venaient de m'offrir en trois messages le coup de fouet dont j'avais besoin avant de me faire ausculter le ventre. Pierre me rejoignit pile à cet instant et prit place sur le siège à côté du mien. Il était essoufflé. Il déposa un baiser sur ma joue gauche et je pus sentir sa respiration. Visiblement, il avait couru pour être à l'heure au rendez-vous. Il ne voulait pas m'inquiéter mais je l'avais entendu s'agiter cette nuit. Cette première échographie le stressait terriblement. Il n'arrivait plus à dormir sereinement ni à retrouver un souffle moins court.

Lui et moi devions savoir. Nous débarrasser de nos hantises. Ne plus avancer à l'aveugle. Au moment où nos mains s'entremêlaient pour nous donner de la force, la secrétaire prononça mon nom et nous indiqua d'un geste clair la porte de la praticienne.

En entrant dans la pièce où la gynécologue-obstétricienne nous attendait derrière son bureau, la tête plongée dans ses dossiers, j'aurais pu m'effondrer. Je ne savais plus comment mes jambes me soutenaient. Il n'y avait plus de retour en arrière possible. Nous ressortirions de cette pièce nos cœurs plus légers ou plus lourds. C'était pile ou face. Je laissai Pierre faire les présentations d'usage. Nous faisions face à la spécialiste. Je retrouvai mes esprits après une profonde inspiration pour donner des détails à cette inconnue sur mon parcours douloureux. Mes précédentes grossesses. Ces derniers mois à saigner. La perte de ma fille. Je connaissais mon texte sur le bout des doigts. J'avais conté la vie et l'œuvre de mon utérus trop de fois. Cette prise de parole allait peut-être être mon ultime représentation avant une autre aventure. Je n'espérais que cela : être remarquée pour un rôle moins tragique.

Je méritais amplement ma comédie *feel good*.

Je m'allongeai rapidement sur le divan d'examen en soulevant mon pull afin qu'il parvienne juste en dessous de ma poitrine. Je déboutonnai mon pantalon pour le baisser au plus proche du haut de mes cuisses. Je tirai sur ma culotte pour la faire descendre sous ma cicatrice de césarienne. Mes gestes étaient mécaniques. Vifs. Je les avais répétés. Je ne réagis même plus lorsque la spécialiste me déposa un gel froid sur le ventre. Avant de poser la sonde sur ma peau, elle m'avertit qu'elle faisait une échographie pelvienne pour un rapide coup d'œil de la situation, mais qu'elle regarderait ensuite avec une sonde endovaginale pour plus de précisions.

Cette grossesse surprise n'en avait plus que pour encore quelques secondes de discrétion. Une fois l'écran allumé, la sonde placée au bon endroit, elle cesserait de taire son caractère. Elle s'ancrerait dans la réalité d'une manière ou d'une autre. Mon cœur, au bord de l'arrêt, me suppliait de détourner le regard. Je fermais mes yeux de toutes mes forces. Je me retrouvais plongée dans le noir. Décidemment, j'aimais ça me plonger dans l'obscurité pour fuir le réel.

Je sentais Pierre me broyer la main tout en essayant de contrôler les tremblements de la sienne. Je percevais la pression de l'appareil se baladant sur mon corps, cherchant la cible à épier.

— On y est, lança simplement la gynécologue-obstétricienne.

Pierre laissa surgir un grognement. J'imaginai qu'il contenait une réaction. J'étais toujours dans le noir, refusant de relever mes paupières. Il approcha son visage du dos de ma main et une de ses larmes me mouilla. Il fallait que je réouvre les yeux. Que je me confronte à ce qui se tramait en moi.

Ni Pierre, ni la spécialiste ne trouvèrent les mots pour me décrire ce qui était en train d'être projeté à l'écran. Si je voulais savoir, je devais laisser la lumière pénétrer à nouveau mes rétines. Il ne manquait plus qu'une spectatrice devant ce tableau… et c'était moi.

J'inspirai profondément. Je m'apprêtais à retrouver la vue. J'activai le plus court de mes comptes à rebours.

Au fond de moi, je ne voulais pas penser que tout cela était un rêve et s'il en était un, je ne voulais jamais m'en réveiller…

Trois.
Deux.
Un.
Et mes yeux trouvèrent enfin le courage de s'ouvrir.

Lettre à ma fille

À mon bébé né et décédé le mercredi 19 octobre 2022.
Lettre postée avec, pour seules destinataires, les étoiles…

Ma fille, ma petite guerrière,

Tu ne seras jamais plus grosse, jamais plus grande.

Tu resteras pour toujours une jolie poupée qu'il était possible de tenir dans la paume d'une main. Je te sais belle, même si je n'ai pas osé te voir. Toi seule sait à quoi tu ressembles exactement. Je te sais courageuse et je te remercie d'avoir lutté aussi longtemps à mes côtés. Nos chemins auraient dû se rejoindre plus tardivement… nos regards auraient dû se plonger l'un dans l'autre, animés, conscients, heureux.

Il n'en sera jamais rien. On ne peut malheureusement refaire l'histoire. Avec des si… on ne construit jamais du bon.

Tu as été extirpée de mon ventre, du seul lieu pleinement sûr pour toi, bien trop tôt. Et je voudrais te hurler à quel point je suis désolée.

Je suis sincèrement navrée de ne pas avoir su te protéger, te garder plus longtemps en mon sein. Pardonne-moi, pardonne à mon corps d'avoir craqué avant que tu ne puisses survivre seule à cette tempête.

Tu sais, je t'avais acheté des vêtements que j'espérais te voir porter un jour. Je m'étais forcée, je dois l'avouer, à passer à la caisse avec ce joli ensemble en taille 0 pour ta naissance.

Je saignais déjà bien trop à l'époque, et j'avais du mal à croire en toi, à t'aimer sans crainte.

Je n'ai jamais su si je ressentais que quelque chose de grave allait nous arriver à toutes les deux, mais je peinais à me réjouir d'une future rencontre.

À nouveau, tu n'y étais pour rien dans ma peur constante de te perdre, dans mon incapacité à me projeter durant ces longs mois teintés de sang. Tu as fait ta part du travail, avec brio. Tu as tenu, tu t'es développée comme tu le pouvais, tu as ressenti mes angoisses, tu as tenté de me rassurer en gigotant à chaque échographie, tu as même vécu tes derniers jours, vaillante, dans l'environnement le plus sec pour un bébé…

Je n'ose imaginer ce que tu as dû ressentir.

Tu n'as rien fait de mal, jamais, jusqu'à ton dernier souffle.

Et moi non plus. Mais ça, il m'est plus difficile de l'accepter.

Ces vêtements, dont ce petit pyjama à cœurs sur lequel j'avais flashé, je suis aujourd'hui incapable de les jeter, de les donner ou de les vendre. Tu aurais été si mignonne vêtue de la sorte. J'ai d'ailleurs refusé de savoir dans quelle tenue tu étais partie. Non pas parce que je ne t'aimais pas, mais justement car ton départ avait déjà brisé mes organes en mille morceaux.

Et tu comprendras peut-être un jour ma volonté de me préserver de certaines images de toi.

Tu sais, je veux m'affranchir de ces six mois d'horreur, de ce placenta prævia, *de ces longues semaines de saignements et d'hôpitaux. Tu n'as jamais été responsable de cet étouffant tunnel dans lequel je me suis retrouvée coincée… Cependant, il a fallu que tu t'envoles pour m'en libérer.*

Pour nous, tes parents, tu ne comptes pas parmi les vivants. Tu n'as pas existé éveillée sur cette Terre. Nous avons délibérément choisi de ne pas t'inscrire sur notre livret de famille ou de graver ton nom sur une tombe. Le prénom qui nous a finalement paru parfait pour toi, seuls ton père et moi le connaissons. Nous le gardons précieusement tel un secret. Cela nous offre un lien supplémentaire avec toi.

Pour nous, tu restes une étoile de notre galaxie. Tu as ta place dans nos histoires de famille mais plus dans notre réalité. Nous avons seulement gardé ton petit bracelet rose, bien caché et en sûreté parmi nos souvenirs.

Notre petite guerrière des étoiles…

Je ne t'ai pas abandonnée, je reste ta mère.

Je le serai à vie.

Je te porterai toujours en moi. Je garderai les traces que tu as inscrites sur mon corps pour témoigner de ta présence. Ce trait maladroit tracé sur mon bas-ventre après la césarienne et ces vergetures, ces marques translucides restées après ton départ. Sur mon ventre, ta seule toile d'expression.

Je porte ton premier et dernier dessin. Et je me réjouis qu'il soit ineffaçable.

Tu resteras l'un de mes plus grands chagrins d'amour, tu sais. Et vivre une immense peine de cœur à trente-six ans, je ne m'y attendais pas. Tu auras su me surprendre. Me piquer au vif.

Tu ne m'as pas détruite. Tu m'as changée, tu m'as marquée sans même que nos peaux se frôlent. Sans même t'avoir découverte autrement qu'en noir et blanc.

Tu as bouleversé mon existence et ce pouvoir-là, celui de troubler les âmes des autres, peu de gens l'ont…

J'aurai pu disjoncter en sachant que tu ne nous rejoindrais pas à la maison, que tu ne jouerais jamais avec ton frère, que tu ne serais pas la petite fille pleine de vie que l'on attendait tant dans notre famille… Ma vie aurait pu s'arrêter en même temps que la tienne. Nous avons côtoyé la mort à deux ; peut-être fallait-il que l'une de nous se sacrifie dans cette terrible affaire ? Et pour m'être levée auprès de ton grand frère tous ces matins depuis ton décès, je ne saurais t'être plus reconnaissante.

J'ai songé, parfois, à avoir préféré partir à ta place… mais je crois que la vie que tu ne vivras jamais je la porte en moi maintenant, et tu verras, je vais tout tenter pour te la rendre sublime.

Je suis une mère différente aujourd'hui et c'est grâce à toi.

En prenant cette feuille et ce stylo, je t'avoue que je ne savais pas exactement quoi t'écrire. Quoi te dire dans une lettre que je ne t'avais pas déjà exprimé par la pensée. Ce que tu n'aurais pas pu ressentir via *la vibration de ma voix, le rythme de mes battements de cœur, lors de ton court séjour en moi.*

Ce ne sont pas des adieux. Juste une mise au point.

Entre toi et moi, il n'y aura jamais rien. Il y aura une matière imperceptible, une attache indéfinissable, une relation abstraite pour tous ceux qui ne sont pas nous.

Tu n'es pas mon fantôme. Tu n'es pas ma petite fille imaginaire.

Tu es et tu resteras une part de mon être. Mon sang qui m'a fait défaut.

Si je parle moins de toi avec le temps, si je parais t'oublier, te négliger au profit des vivants, ne m'en veux pas. C'est ma façon de faire. D'organiser mes émotions. De ne pas couler trop profond.

Je pense à toi, beaucoup, mais je préfère le garder pour moi. Pour ne pas heurter les autres, avoir leur pitié. Pour ne pas subir à chaque seconde les remarques de ceux qui ne comprennent pas.

Tu sais, la prochaine fois que je poserai les yeux sur un bébé, ce ne sera pas toi. Ça ne pourra jamais plus être toi.

Est-ce que cela me rend profondément triste ? À l'évidence. Est-ce que ton souvenir agira comme un moteur me poussant à toujours plus d'humanité, à donner davantage de corps à mes désirs ? Là, se trouvera à jamais ton influence.

Toi, mon étoile, tu t'es finalement montrée essentielle à ma vie. Ton départ m'a broyée mais il m'a rendue meilleure. Plus fière de la femme que je deviens progressivement. Plus sensible, plus engagée, plus éveillée.

Tu ne profiteras pas de cette nouvelle version de moi, de ta mère, mais tu en es responsable. Tu peux t'en attribuer la quasi-totalité des crédits.

Nul besoin d'être un poids lourd pour faire basculer les choses : tes 480 grammes auront eu l'impact le plus puissant sur nos vies. La mienne, celle de ton frère ou de ton père.

C'est sûr qu'il aurait été plus facile de te nier totalement. De démentir l'effet de ta si petite personne sur nos confortables mondes.

J'ai certes refusé de te rendre palpable, et je m'en excuse encore, mais je ne contesterai jamais l'incidence de ta conception, de t'avoir couvée ces quelques mois.

Et parce que je refuse de te laisser filer sans surveillance, j'ai récemment acheté un télescope pour te guetter. Avec ton frère, on scrute la moindre parcelle de ciel certains soirs et l'on tente de chercher une lumière plus vive que les autres… Quand on veut des signes, ils sont partout. J'ai assez consommé de films mais je souhaite simplement ne pas perdre ta trace. Te laisser briller dans ma mémoire autant que possible.

Tu sais, les bébés, normalement, naissent sans gros couac et vivent des décennies avant de mourir. Ton grand frère, je m'en souviens comme si c'était hier, a poussé son premier cri sur la chanson «Imagine» des Beatles. Le silence n'a pas lieu d'être dans une salle de naissance ou dans un bloc opératoire. L'atmosphère est pleine d'espoir, de premiers pleurs et les larmes coulent pour exprimer de la joie.

Toi, tu n'as pas entendu de vie en sortant car je dormais.

Personne ne s'est réjoui de te voir puisque l'assemblée savait ton impossibilité à t'éterniser.

Je veux que tu saches que le bonheur existe et que, s'il n'a pas été présent à ton arrivée, il restera ma quête éternelle pour te venger.

Je garde précieusement ton bracelet rose dans notre cocon. Je ne crois pas avoir à te dire au revoir. Tu n'es pas partie bien loin. Et tu n'as pas à t'en aller vraiment. Tu as ton nid douillet dans un coin bien gardé de ma tête.

Attrape au vol cette lettre, mon amour, laisse planer mes mots au-dessus de ton souvenir. Cette lettre, je ne sais pas où elle finira – les étoiles… –, est une destination que chacun interprète à sa façon. J'aime l'idée que ce que je te dis sur ces feuilles de papier soit propulsé vers des possibles. À l'univers de choisir où cela atterrira. Je n'ai mentionné aucun expéditeur.

Aucun retour en arrière envisageable.

Toi, ma petite guerrière, tu observes tout, je sais que tu réceptionneras ces quelques lignes que j'ai pris soin de prononcer à voix haute, avant de les poster. Tu sais chacun de mes gestes, chacun de mes actes, tu sauras saisir toute la portée de ce message.

Je t'aime, et aimer sans s'être vues, c'est encore plus beau. Emma, ta maman pour toujours.

Table

Remerciements

Un merci particulier aux équipes de la maternité Tenon à Paris, ainsi qu'à celles de l'unité grossesses à haut risque du centre hospitalier André-Grégoire à Montreuil. Je vous dois d'être encore en vie. Vos mots ont souvent été crus ou trop pressés mais vous avez fait votre possible pour sauver mon bébé. Même si nous avons échoué, je garde un souvenir ému de cette aventure humaine, de cette bataille commune pour faire pencher la balance du côté des vivants.

Merci à mon partenaire, mon éternel binôme, d'avoir accepté qu'un lourd chapitre de notre intimité inspire un livre. Merci à mon fils de m'apporter, chaque jour, la juste dose de lumière pour embellir mon quotidien.

Merci à mon éditeur et son équipe, ainsi qu'à ma bonne fée Anna Véronique d'avoir cru la première en mon texte.

Et merci à toutes ces autres voix cabossées qui m'ont fait saisir l'importance de ne plus se murer dans le silence.

Cet ouvrage a été composé
par Soft Office
à Eybens (Isère)

Impression réalisée sur Roto-Page
par l'Imprimerie Floch
à Mayenne (Mayenne)

en août 2024
pour le compte des Éditions de l'Archipel
département éditorial
de la S.A.S. Écriture-Communication

Pour plus d'information :

www.lisez.com

Imprimé sur du papier issu de forêts gérées durablement.

Imprimé en France
N° d'impression : 105222
Rang de tirage : 01
Dépôt légal : septembre 2024